赤子其人沈从文

范鹏飞　张恺新　著

北京燕山出版社
BEIJING YANSHAN PRESS

图书在版编目（CIP）数据

赤子其人沈从文 / 范鹏飞，张恺新著 . — 北京：北京燕山出版社，2022.11
（2024.7 重印）

ISBN 978-7-5402-6542-7

Ⅰ.①赤… Ⅱ.①范… ②张… Ⅲ.①沈从文（1902-1988）- 生平事迹 Ⅳ.
① K825.6

中国版本图书馆 CIP 数据核字 (2022) 第 085059 号

赤子其人沈从文

作　　者：范鹏飞　张恺新

责任编辑：王月佳

出版发行：北京燕山出版社有限公司

社　　址：北京市西城区椿树街道琉璃厂西街 20 号

电　　话：010-65240430（总编室）

印　　刷：廊坊市印艺阁数字科技有限公司

开　　本：880mm×1230mm 1/32

字　　数：103 千字

印　　张：5.5

版　　次：2022 年 11 月第 1 版

印　　次：2024 年 7 月第 3 次印刷

定　　价：32.00 元

序

岳南

庚子年初夏，沈阳的年轻学人范鹏飞就打来电话，除了亲切的问候，还告诉我，他和于善浦老先生合作撰写的《赤子其人沈从文》一书马上就要出版了，恳请我为该书作序，我没有犹豫便答应了下来。

于善浦老先生曾在清东陵文物管理处工作，长期研究清代帝王陵寝文化，于文物探究、文化研究颇有造诣，通古知今，博学多识。我早年创作《日暮东陵》一书，出版时便是请于老先生为我作的序，这既是我答应范鹏飞的主要原因，也可算作术业而交的一段渊源和缘分。

说到沈从文先生，世人多知《边城》《长河》等小说，亦皆知其为民国之文学大家，沈先生笔下诗情画意，逸兴遄飞，所著小说格调古朴，极尽浪漫，地方色彩浓郁，将一幅湘西凤凰恬淡娟秀的画卷展示于世人面前，可谓开一代乡村文化小说之先河。然为文物研究界所至为称道和敬仰的，却是沈先生历史文物研究者这一身份，沈先生所著《龙凤艺术》《战国漆器》《中国古代服饰研究》等书，皆为文物研究巨著，尤以《中国古代服饰研究》为最，深耕细研，苦心孤诣，为中外方家所推崇和认可。

家山泉石寻常忆，世路风波子细谙。世人皆知沈从文先生乃文学巨擘，却鲜少知晓先生还曾年少策马、出入行伍；皆知沈从文先生性情温和，却鲜少知晓先生还曾笔墨恣肆、讽喻讥诮；皆知沈从文先生蜚声文坛，却鲜少知晓先生还曾教诲学子、钻坚研微；皆知沈从文先生忧国忧民，却鲜少知晓先生还曾感情细腻、心怀丰富；皆知沈从文先生专注研究，却鲜少知晓先生还大义灼灼、气节凛凛。而《赤子其人沈从文》一书，则会让读者认识一个完整的沈从文、真实的沈从文！

《赤子其人沈从文》一书共分为两个部分，第一部分《沈从文的一生》，范鹏飞、张恺新撰写，通过传记的方式，讲述了沈从文先生从一位年轻的军人到文学大家，从一位谦虚卑躬的"学生"到学者教授，从爱慕学生、坦荡追求的"痴情者"到与夫人张兆和的知音伉俪、相濡以沫，从一位文物金石怡情的"爱好者"成为著名的文物研究者的生平历程，传记旁征博引，有根有据，行文翔实，内容丰富，完整地记录了沈从文先生的一生。第二部分《我和沈从文的交往》，是由于善浦老先生提供资料以及口述，范鹏飞先生整理、记录的回忆录，洋洋洒洒的追忆里，为我们展现了新中国成立初期故宫博物院文物保护和研究的真实场景，也为我们讲述了沈从文先生放弃文学创作、投身文物研究之后，以苦为乐、醉心研究、授业解惑、诲人不倦的动人故事。这一部分主要是展现作为学生眼里的文物研究者沈从文，而非文学家沈从文。

我曾经创作的《南渡北归》一书，讲述的是抗战期间国内大批知识分子由中原迁往西南之地，传道授业，薪火相传，抗战胜利后回归中原，以及他们在1949年后的命运的故事。所涉及到的人物有陈寅恪、傅斯年、胡适、梅贻琦、林徽因、梁思成、闻一多、朱自清、罗常培、罗庸、刘文典、吴宓、郑天挺、冯友兰、金岳霖、叶企孙、陈岱孙、杨石先、查良钊等大家，其中对于沈从文先生的描述也仅仅限于他的前半生。1949年以后的沈从文在《南渡北归》中未做描述，这本《赤子其人沈从文》对沈先生在1949年以后跌宕起伏的命运的描述占据了很大篇幅，特别是《我和沈从文的交往》这一部分，更为读者展现了沈从文后半生中不为人知的一面。对于了解、研究沈从文先生，本书值得一看。

　　是为序。

2020 年 6 月 28 日晚

　　岳南，1962 年生，中国作家协会会员，中华考古文学协会副会长。著有：《南渡北归》三部曲、《陈寅恪与傅斯年》、《日暮东陵》、《大学与大师：清华校长梅贻琦传》、《天赐王国》、《大师远去》、《复活的军团》、《从蔡元培到胡适》等。

目　录

上篇：沈从文的一生

范鹏飞　张恺新　著

本篇主要叙述了沈从文一生 86 年的生平，囊括了他的坎坷经历、婚姻、教学生涯、小说创作、学术研究等。

　　提起沈从文，大众并不陌生，他的《中国古代服饰研究》是一部里程碑式的巨著。他的《边城》（节选）、《云南的歌会》等，入选各种版本的中学语文教材。他是我国著名的作家、学者。

　　从 1902 年沈从文出生，到 2003 年张兆和去世，这是刚刚过去的一个世纪，是中国从旧的封建帝国向新的社会主义共和国转变的一个世纪。从沈从文的人生经历、职业变化来看，恰能折射出从旧的清朝封建帝国到半封建半殖民地社会的中华民国，最后到新的社会主义的中华人民共和国这几个历史阶段的内涵。从沈从文与徐志摩、胡适、傅斯年、丁玲等文人的交往，又恰能折射出 20 世纪中国文人的命运。下面，就从一份档案开始对沈从文的叙述。

　　姓名：沈从文

　　别名：沈岳焕、沈崇文

　　性别：男

　　民族：苗

学历：小学

职业：学者

生卒年：1902—1988

主要任职情况：

1929—1930：中国公学讲师

1939—1946：西南联合大学副教授、教授

1946—1949：北京大学教授

1949—1978：中国历史博物馆文物讲解员、研究员

1957—1959：故宫博物院兼职研究员

1978—1988：中国社会科学院历史研究所研究员

出版作品：《从文自传》《边城》《中国古代服饰研究》《唐宋铜镜》等。

1. 早年的沈从文

沈从文于清光绪二十八年十一月二十九日（1902 年 12 月 28 日），生于湖南湘西凤凰镇一个军人家庭中。刚生下来，家人给他取了一个乳名，叫茂林。

沈从文原名沈岳焕，字崇文。"从文"这个名字是他后来自己改的。他"要一个人自主地去闯荡世界的时候，确定改名为沈从文"①。沈从文是脱下军装后才开始"一个人自主地去闯

荡世界"。因此可以说，改名从文的意思就是表明自己弃武从文。按照约定俗成的叫法，本书也叫他沈从文。

沈从文的父亲沈宗嗣从小过继给了自己的亡伯，因早年习武，便在光绪二十六年（1900年）参军，很快被提升为天津大沽提督罗荣光的裨将。这一年发生了"庚子国变"，也就是八国联军侵华战争。这年六月，八国联军舰炮在天津海域开始进攻大沽口炮台，提督罗荣光率领清军奋勇反击，最终失败，罗荣光自杀殉国。沈宗嗣因武艺高强，得以从乱军中逃出[②]。沈宗嗣逃回到了家里，此时的沈宗嗣已经是三个孩子的父亲了。回到家里后的沈宗嗣又要了第四个孩子，这第四个孩子就是沈从文。用沈从文自己的话说是"没有庚子的拳乱，我爸爸不会回来，我也不会存在"[③]。

沈从文的母亲叫黄素英，出身书香门第，其父黄河清是当地的贡生，担任书院院长，所以黄素英在父亲的影响下读了很多书。沈从文4岁时，他的母亲黄素英教他认字，一年时间，就已经认识600个字了。

沈从文6岁时，和他两岁的弟弟一起患疹子，而且病得非

---

① 张新颖：《沈从文的前半生》，上海三联书店2018年版，第5页。

② 王顺勇：《淳而真的沈从文》，北京工业大学出版社2016年版，第9页。

③ 沈从文：《沈从文全集》，北岳文艺出版社2002年版，第13卷，第249页。

常严重。家人已经准备放弃了，做好了两个孩子随时可能死亡的心理准备，并准备好了两具小棺木。但是让家里人不曾想到的是，这两个孩子竟然奇迹般的恢复了健康。

沈从文的病痊愈之后，就上了私塾读书。沈从文私塾的同学逃学，并且向沈从文讲述了如何蒙骗先生以及在外面玩耍的情形，这也勾起了沈从文逃学的念头。沈从文后来回忆在私塾逃学的经历说"我非从学塾逃到外面空气下不可，逃学过后又得逃避处罚，我最先所学，同时拿来致用的，也就是根据各种经验来制作各种谎话"[①]。

宣统三年（1911 年），这一年沈从文九岁了。中国历史上发生了一件翻天覆地的大事件，就是辛亥革命爆发，帝制从此退出了历史舞台。每次改朝换代无不以流血牺牲作为代价。沈从文看到的家乡是"一大堆肮脏血污的人头，还有衙门口鹿角上，辕门上，也无处不是人头"[②]。

中华民国成立后的第四年，也就是 1915 年，沈从文正式进入民国的新式小学读书，做了插班生。在民国的新式小学，不需要背诵经书了，上学期间还可以到校园里玩耍，每天下午 3

[①] 沈从文：《沈从文全集》，北岳文艺出版社 2002 年版，第 13 卷，第252—253 页。
[②] 沈从文：《沈从文自传》，台北联合杂志社 1987 年版，第 23 页。

点就可以放学了，每周还可以放假一天。所以沈从文不需要再逃学了。

民国六年（1917年），沈从文升入高小，并在征得母亲的同意下，参加了当地开办的一个预备兵技术班。民国七年（1918年）年6月，沈从文高小毕业，本应该继续读初中，但是在当年的8月26日，沈从文正式参军了，被编入"湘西联合政府"所属的"靖国联军"第二军第一游击队，归张学济管辖。9月以后，沈从文随所在部队被分配到芷江（即沅州）榆树湾去"清乡"。"清乡"就是去乡下搜索所谓的各路"土匪"。军队一到，成群的农民就被绳子捆了来，先打一顿皮开肉绽的板子，再加上呻吟惨叫的夹棍。酷刑之下，超过半数的人画了供，第二天就推出去砍头了。后来沈从文在他的自传《从文自传》里说到"前后不过杀了一千人罢了"。之后他又随部队移驻到怀化镇。

1922年，沈从文因为缮写的能力，被调到统领官陈渠珍身边任书记员。陈渠珍与沈从文是同乡，都是湖南凤凰人，陈渠珍也特别欣赏沈从文，实际上，沈从文就相当于陈渠珍的私人秘书了。他在陈渠珍身边要负责记录公文、抄写电报等。陈渠珍在他的房子里收藏了大量的书画、碑帖、铜器、古瓷以及十来箱的书籍。每当陈渠珍要阅读某本书，或抄录某一段落时，都由沈从文准备好。还有书籍的分类、编号、安放和古玩字画

的登记，都是沈从文来负责
的。沈从文可以随意阅读陈
渠珍收藏的古书籍。这期间，
沈从文阅读了《西清古鉴》《薛
氏钟鼎彝器款识》这一类书，
努力去从文字与形体上认识
房中铜器的名称和价值，从
中学习到了大量的文物知识。
从此，沈从文对文物产生了
浓厚的兴趣，为后来研究中
国文物史打下了良好的基础。

早年的沈从文

　　1923年3月，陈渠珍创办了一个报馆，沈从文被调到报馆
去做了校对，为时三个月。这期间，沈从文又读到了宣传新思
想的《新潮》《改造》《创造》等杂志。可以说，后来的沈从
文无论在从事文学创作上，还是对中国文物史的研究上，陈渠
珍都有着重大的影响。

　　沈从文要去追求自己的文化梦想了。1923年8月，他脱下
了军装，到了北京。沈从文到北京的目的是求学。在临行前，
陈渠珍一次性给了他三个月的薪水以示支持。沈从文到北京后，
在一位远房亲戚的安排下免费住进了位于前门外的酉西会馆。

随后，就开始了他的考学经历。他先报考了北大，因为没有初中文凭被拒。随后他又报考燕京大学，因成绩不佳，没有考上。他又听说清华大学不用考试就可以入学，但是要有人写推荐信，才能注册学籍入学。沈从文非常想进，但是因为没有关系，不得不放弃。唯一一所录取沈从文的大学是中法大学，但因"宿膳费二十八元想尽办法却筹措不出，过期只能放弃"[1]。可见沈从文此时的贫困。最终沈从文只有到北大做旁听生。现在无法确知沈从文旁听了一些什么课，旁听了多少时间[2]。

此间，沈从文在报纸上读了很多著名作家的文章，他就给一些知名的作者写信，希望他们能帮助自己完成作家梦，信件发出去了，只有郁达夫一人给沈从文回了信，其余的都石沉大海了。郁达夫并约沈从文见面，二人谈到中午了，郁达夫请沈从文吃了一碗面。两碗面一共 1.7 元钱，郁达夫拿出了 5 元钱买单，剩下的 3.3 元钱，郁达夫给了沈从文，沈从文也接受了。临别时，郁达夫对沈从文进行了鼓励："要一直地写下去，好文章都是坚持着写出来的。"回到住处后的沈从文却为此大哭了一场。

郁达夫回家后，颇有感慨，随即写下一篇名为《给一个文

---

[1] 张新颖：《沈从文的前半生》，上海三联书店 2018 年版，第 48 页。
[2] 张新颖：《沈从文的前半生》，上海三联书店 2018 年版，第 47 页。

学青年的公开状》的文章，在 1924 年 11 月 16 日的《晨报副刊》上发表，公开地为沈从文鸣不平以及表达对他的同情。但是文中并没有提到沈从文的名字。

在郁达夫为沈从文撰写的《给一个文学青年的公开状》发表一个月后，沈从文终于在《晨报·北京栏》上发表了第一篇文章，但"因为署的是笔名，这篇文章的篇名现已无法考证"①。可以肯定地说，沈从文首次发表文章应该与郁达夫对他的帮助有极大的关系。郁达夫在同沈从文见完面后，便向《晨报副刊》的主编刘勉己和瞿世英推荐沈从文，二位主编在听完郁达夫对沈从文的介绍后，当即表态：若质量没有问题，就会给沈从文发表作品的机会。而郁达夫的《给一个文学青年的公开状》给了沈从文极大的鼓舞，每日更加勤奋地坚持创作。当年 12 月 22 日，《晨报副刊》刊登出了沈从文以"休芸芸"为笔名的散文《一封未曾付邮的信》。从此以后，《晨报副刊》所刊登沈从文的文章就如同大坝开闸、洪流奔涌不可阻挡了。笔者根据《沈从文年谱》统计，1925 年这一年，《晨报副刊》共刊登沈从文的文章、小说、诗作等作品共计 44 篇，其他报刊上发表沈从文作品有 17 篇，可见数量之多。

---

① 吴世勇：《沈从文年谱》，天津人民出版社 2006 年版，第 20 页。

1925年1月19日,《晨报副刊》开始连载沈从文以"休芸芸"为笔名的署名散文《遥夜》。文章中沈从文叙述自己乘坐公共汽车的一段经历,将自己与有钱人的生活进行对比,倾诉自己的窘迫以及抒发自己的痛苦和孤独。沈从文的《遥夜》被当时的北京大学哲学教授林宰平注意到了。为此,林宰平以笔名"唯刚"撰写了一篇名为《大学与学生》的文章发表在《晨报副刊》里,文章对"休芸芸"的处境表示了同情。林宰平为何以《大学与学生》为名呢?因为他误以为这位笔名叫"休芸芸"的是大学生。

林宰平的文章发表以后,还托人去找沈从文,邀请他到家里做客谈心。在林宰平教授听了沈从文的介绍以后,才知道这位笔名"休芸芸"的作者并非大学生,而是求学无门,在逆境中奋斗的青年。林宰平非常感动,他决定帮助这位有志青年。为此,林宰平托梁启超为沈从文找到了一份工作,到香山慈幼院的图书馆里做管理员。

香山慈幼院由曾任中华民国国务总理的熊希龄创办,是收容因水灾而无家可归的孤儿的。1925年7月,沈从文到了这里工作。沈从文到来以后,熊希龄常常在晚上把沈从文叫出去,二人一起漫步畅谈。沈从文得到了熊希龄的欣赏,就在当年的9月,熊希龄把沈从文送到北京大学图书馆学习,让人教授他编目学、文献学。1926年春,沈从文回到了香山。

在此期间，沈从文创作了三篇以香山慈幼院为背景的小说。对慈幼院的院长、教务长、熊希龄等人进行了讽刺。其中《棉鞋》这篇小说说的是一个姓沈的年轻人，因买不起鞋，夏天穿着一双棉鞋走来走去，这引来了慈幼院院长以及游客的嘲讽。小说中描写的这件事情，就真真实实地发生在沈从文的身上。三篇小说的发表在香山引起了轩然大波，很多人表达了对沈从文不满的意见。在这种情况下，沈从文不得不辞去香山慈幼院的职务，继续靠写作为生。

2. 沈从文与徐志摩

徐志摩（1897—1931），原名徐章垿，浙江海宁人，中国著名新月派诗人，散文家。先后留学美国、英国，学习经济学与哲学。1922年回国，开始在报刊上发表诗文。前面说到了沈从文与郁达夫的相识，在郁达夫的介绍下，沈从文与徐志摩有了书信的往来。沈从文与徐志摩的第一次见面是在1925年的9月底，他到徐志摩的住处去拜访。此时的徐志摩即将成为《晨报副刊》的主编。沈从文后来回忆第一次与徐志摩见面的情形说：

我这么一个打烂伏出身的人，照例见生人总充满一种羞涩的心情，不大说话。记得一见他，只一开口就说："你那散文可真好！"他就明白，我是个不讲什么礼貌的乡下人，容易从不拘常套来解脱一切拘束，其时还刚起床不久，穿了件条子花纹的短睡衣，一面收拾床铺一面谈天，他的随便处，过不久就把我在陌生人前的羞涩解除了。只问问我当前的生活和工作，且就在枕边取出他晚上写的两首诗，有腔有调天真烂漫自得其乐地念起来。因为早知道我在《现代评论》做个小工，专管收发报刊的杂事，且和叔华夫妇相熟，经常在陈家做客，且可肯定叔华夫妇一定早已在他面前说了我不少好话。……不到一点钟，就把一小卷似乎用日本纸写的长信递给我来欣赏，且一面说这信是刚从美国寄来的，你读读看，内中写得多真诚坦率又多有情！原来是他的好友林徽因女士来的一个长信。他就为我补充这个朋友的明朗热情种种稀有的性格，并告我和写信人的友谊种种。那时他还未曾和陆小曼结婚。对人无机心到使人吃惊程度。①

1925 年 10 月 1 日，新月派诗人徐志摩正式成为《晨报副刊》的主编，当日报纸刊登徐志摩撰写的《我为什么来办，我想怎么办》一文公开约稿，他将赵元任、梁启超、沈从文、胡适、傅斯年、闻一多、金岳霖、郁达夫、张奚若、杨振声、沈性仁等 38 人一起列为约稿的作者。在这 38 人当中，大多数都是文

---

① 沈从文：《沈从文全集》，北岳文艺出版社 2002 年版，第 27 卷，第 436—437 页。

化界的知名人物，有着举足轻重的地位。如赵元任与梁启超同为"清华大学四大国学导师"之列；胡适则是北京大学教授；闻一多则是北京艺术专科学校教务长；1925 年的傅斯年则是在德国的留学生，他在北京大学读书期间，创办杂志《新潮》，又是"五四学生运动"的总指挥，因此在文化界也具有很高的知名度。而此时的沈从文呢，还是在为自己的温饱问题而发愁的一个毛头小子。然而，徐志摩却把沈从文跟这些文化界的大咖同时列为约稿的对象，可以说，徐志摩对沈从文有着知遇之恩。正因为如此，在很多人纷纷指责徐志摩人品有问题时，沈从文却从未对徐志摩有过任何指责，在沈从文的嘴里，他对徐志摩只有感激之情。

10 月 21 日，徐志摩在《晨报副刊》上第一次给沈从文发表文章，到当月结束的 11 天的时间里，徐志摩给沈从文一共发表 3 篇文章，这足以证明沈从文在徐志摩心中的地位。接下来的一件事，更可以看到徐志摩对沈从文的特殊抬爱。

徐志摩在前任主编留下来的稿件中，找到了一个有沈从文四五篇作品的小册子，就把其中的一篇《市集》发表在 11 月 13 日的《晨报副刊》中。并且在此文后刊登了一篇徐志摩的评论，全文如下：

志摩的欣赏

这是多美丽多生动的一幅乡村画。

作者的笔真像是梦里的一只小快艇，在波纹瘦鳞鳞的梦河里荡着，处处有着落，却又处处不留痕迹。这般作品不是写成的，是"想成"的。给这类的作者，批评是多余的，因为他自己的想象就是最不放松的不出声的批评者。奖励也是多余的，因为春草的发青，云雀的放歌，都是用不着人们奖励的。

可见徐志摩对沈从文作品的欣赏，而沈从文也把徐志摩视作自己走上文学道路的导引者兼"恩人"。沈从文的成就的确与徐志摩有很大的关系，徐志摩推荐过沈从文到中国公学任教，可以说徐志摩是沈从文教书生涯的引路人。

1931 年 11 月 19 日早 8 时，徐志摩乘坐中国航空公司"济南号"邮政飞机由南京飞往北平，他要参加当天晚上林徽因在北平协和小礼堂为外国来宾做的关于中国建筑艺术的演讲。当飞机飞到济南

徐志摩

上空时，撞到开山，坠入山谷，机毁人亡。

此时的沈从文正在青岛大学任教。沈从文得知此消息时是11月21日下午，当时他正在青岛大学校长杨振声家里吃茶聊天，忽然接到了北平的一个急电，告知他徐志摩在19日因飞机失事，在济南遇难了。接到消息后，沈从文连夜从青岛乘车赶到济南白马山空难现场，由他和林徽因的丈夫梁思成去收尸。当沈从文在一座小庙中见到徐志摩的遗骸时，他失声痛哭。因为在沈从文面前躺着的是他的恩师，如果没有徐志摩对沈从文的提携，就没有沈从文在文学创作上的成绩以及沈从文的教学生涯。恩师远去，学生又怎能不悲痛呢！

在整理完徐志摩的遗骸后，沈从文写信给胡适，向胡适汇报为徐志摩收尸的过程、建议购买徐志摩失事的飞机留作纪念、定下一个日子，以便在上海、济南、南京、青岛、北平等地同时举行一个徐志摩的追悼会。

后来，沈从文作了两首悼念徐志摩的诗（沈从文悼念徐志摩的两首诗在沈生前从未发表过，也没有诗名。北岳文艺出版社在2002年出版《沈从文全集》时才把这两首悼亡诗放在里面。题目也是编者后加进去的，名为《死了一个坦白的人》和《他》）。三年后又作《三年前的十一月二十二日》记述为徐志摩收尸的全过程：

　　我们一同过志摩停柩处时，约九点半钟，天正落小雨，地下泥滑滑的，那地方是个小庙，庙名似乎叫"福缘庵"。一进去小院子里，满是济南人日常应用的陶器。这里是一堆钵头，那里有一堆瓦罐，正中有一堆大瓮同一堆粗碗，两廊又是一列一列长颈脖贮酒用的罂瓶。庙屋很小，房屋只有一进三间，神座上与泥地上也无处不是陶器。原来这地方是个售卖陶器的堆店。在庙中偏右墙壁下，停了一具棺材，两个缩头缩颈的本地人，正在那里烧香。

　　两个工人把棺盖挪开，各人皆看到那个破产的遗体了，我们低下头来无话可说。我们有什么可说？棺木里静静地躺着的志摩，戴了一顶红顶绒球青绫子瓜皮帽，帽前还嵌了一小方丝料烧成"帽正"，露出一个掩盖不尽的额角，右额角上一个李子大斜洞，这显然是他的致命伤。眼睛是微张的，他不愿意死！鼻子略略发肿。想来是火灼炙的。门牙脱尽，额角上那个小洞，皆可说明是向前猛撞的结果。这就是永远见得生气勃勃，永远不知道有"敌人"的志摩。这就是他？他是那么爱热闹的人，如今却这样一个人躺在这小庙里。安静地躺在这个小而且破的古庙里，让一堆坛坛罐罐包围着的，便是另外一时生龙活虎一般的志摩吗？他知道他在最后一刻，扮了一角什么样稀奇角色！不嫌脏、不怕静，躺到这个地方，受济南市土制香烟缭绕的门外是一条热闹街市，恰如他诗句中的"有市谣围抱"，真是一件任何人也想象不及的事情。他是个不讨厌世界的人，他欢喜这世界上一切光与色。他欢喜各种热闹，现在却离开了这个热闹世界，向另一个寒冷宁静虚无里走去了。年纪还只三十六岁！由于停棺处空间有限，亲友只能分别轮流走近棺侧看看死者。

而且这篇文章中还给予了徐志摩高度的评价：

我以为志摩智慧方面美丽放光处，死去了是不能再得的，固然十分可惜。但如他那种潇洒与宽容，不拘迂，不俗气，不小气，不势力，以及对于普遍人生万汇百物的热情，人格方面美丽放光处，他既然有许多朋友爱他崇敬他，这些人一定会把他那种美丽人格移植到本人行为上来……

1935 年 12 月，徐志摩去世四周年之际，沈从文在他自己主编的《大公报·文艺》副刊上特别做了一期"徐志摩纪念特刊"。

徐志摩走了，但是徐志摩对沈从文的恩情，将永远铭记在沈从文的心中。沈从文在晚年时，还写下了一篇名为《友情》的文章，此文表达了对徐志摩的怀念之情！

3. 上海滩的三年岁月

1927 年底，在文坛小有名气的沈从文出版了三部创作集，除散文、小说、戏剧、诗歌合集《鸭子》外，还有小说集《蜜柑》

《入伍后》。

随着北伐战争的胜利进军，南京国民政府于 1927 年 4 月成立，距离南京不算太远的上海，从原先租界林立的商业城市而成为文化兴盛的大都会。《现代评论》编剧部、北新书局和新月书店，都南迁上海，而原先就在上海的《小说月报》，因为由叶圣陶负责编辑，沈从文的作品得以在上面有了一席之地。

除此之外，大批从北伐战争前线退下来的文化界人士也向上海集中，"五四"以来新文学的重心第一次从北京转移到上海。

1928 年 1 月，沈从文为自己的文学事业发展计，暂时离开了他生活了四年多的古都北京，来到了上海滩。

来上海之前，沈从文生活非常拮据，由于母亲和九妹从湘西老家来到北京投靠，一家人的生活全靠沈从文的稿费收入，故沈从文决定到上海发展，以便自己能更好地通过写作立脚。

初到上海，沈从文住在法租界善钟里一个朋友预先帮忙租住的亭子间里，一段日子后才从亭子间搬进正楼房间。虽然居住面积有了点改善，但室内除桌子、椅子和木床外，别无他物。

就在沈从文安顿下来不久，其好友胡也频、丁玲也南下上海，胡也频应上海《中央日报》总编辑彭学沛的邀请，担任该报副刊编辑。沈从文和这两位富有文学梦想的年轻人计划创办自己的刊物。于是，他们共同租赁了萨坡赛路 204 号，这是一幢三层小楼，沈从文和随后搬来的母亲、九妹住在三楼，胡也频、丁玲和丁玲母亲住在二楼，这里便是沈从文在上海滩居住时间最长的创作空间。

1928 年这一年，沈从文在文学创作上非常勤奋，他拼命地写作，在这一年就出版了《好管闲事的人》《老实人》《雨后及其他》《阿丽思中国游记》等八九部小说集。在沉重的生活压力下，沈从文不得不在某种程度上受制于那些专注于经济效益的出版商。

为了生活，沈从文写作速度很快，很多小说属于"急就章"，他也不得不去写一些适合小市民口味的作品，如三角恋爱之类。但在政治上，沈从文在这个阶段仍然只是一个中间派。

1929 年元旦刚过，饱含着沈从文等三人才情的《红黑》和《人间》两个月刊先后出版。以三个人的力量，在短时间内办两个刊物，即使在今天现代传媒高度发达的时代里都是难以想象的。丁玲后来回忆创办《红黑》副刊时写道："几个又穷又傻的人，不愿受利欲熏心的商人的侮辱，节衣缩食想要改造这种唯利是图的社会所进行的共同冒险。"

《红黑》月刊的发刊词很明显渗透着沈从文印记：

红黑两个字可以象征光明与黑暗，或激烈与悲哀，或血与铁……这红和黑，的确是恰恰适当于动摇时代之中的人性的活动……但我们不敢窃用，更不敢掠美，因为我们自信并没有这样的魄力。正因为我们不图自夸，不敢狂妄，所以我们取用红黑为本刊的名称，只是根据于湖南湘西的一句土话。例如"红黑要吃饭的！"这一句土话中的红黑，便是"横直"意思，"左右"意思，"无论怎样都得"意思……

由于当时的外部形势，文坛上关于革命文学的论争正在激烈地进行着，但这三个年轻人似乎完全置身于这场论争之外，专注于编辑和创作。

这一时期沈从文的文艺观也通过笔下的文字时有流露，一方面他认为艺术作品中应跳动着时代的脉搏，另一方面他又希望艺术完全脱离政治、脱离阶级而自由。这两种观点本身就有矛盾之处。

不管怎样，沈从文凭借自身的文学天赋和勤奋努力，在上海实现了多年积聚心底的办刊物梦想，有了自己发表作品的园地，可以不再受制于出版商，可以在刊物上任自己的思想驰骋纵横。

然而，沈从文他们毕竟不是合格的文化商人。不擅长经营的他们一边忙碌于创作，一边要应对刊物的编辑、出版、发行的各种琐屑事宜，经常被弄得焦头烂额。最终，《红黑》月刊勉强维持了八期就停办，《人间》月刊在出刊到第四期即夭折。

两个刊物停办时一算账，还欠下许多债务。

在现实面前，美好的梦想被击得粉碎，沈从文依然没有摆脱贫穷的困扰。于是乎，沈从文只能夜以继日写作，经常是写到头昏脑涨，甚至流鼻血。生活的重压，让沈从文感到身心交瘁。

为了还债，沈从文由徐志摩、梁实秋介绍，于1929年8月到胡适任校长的中国公学当教员。胡适聘沈从文为讲师，主讲大学部一年级现代文学。

沈从文这个仅有高小学历的自由作家，就这样在生活所迫下走上大学的讲坛。此时的沈从文虽然已经出版了十来部短篇小说集，但从未上过讲坛，口才也并不出众，他第一次给大学生上课时十分紧张，面对着讲台下黑压压的一片，原先准备好的教学内容竟然记不起来。在满教室难堪的沉默中，沈从文在黑板上写上"请你们等我十分钟"……

1929年的沈从文作品颇丰，他后来称这一年是他最勤快工作的年份。虽然初到上海发展的沈从文在创作上有着迎合读者趣味的倾向，但他也注意随时检查、总结自己在创作上的得失。在体验到北平、上海这两个色彩迥异的大都市的艰辛生活后，沈从文在创作中开始有意识地描写乡村和都市生活的差别。他着意探索用乡村生活的平静、优美去反衬城市生活的烦躁、喧嚣；他还注重用乡下人的质朴、勇敢，去对照城里人的虚伪、狡诈。

对大都市生活的厌恶，对人与人精神相通的向往，对心灵纯真的呼唤和渴求，促使沈从文把目光投向湘西故土，投向远古岁月和神话意境。在沈从文一生的创作中，除了1928年到1929年在上海接连发表过湘西神话传说和民间故事题材作品外，几乎看不到此方面的作品，从中不难感受到此间沈从文寂寞的心境。《龙朱》《神巫之爱》《渔》等作品就在此时从沈从文笔端流出，沈从文试图通过走笔湘西传说故事去探寻"一条从幻想中达到人与美与爱的接触之路"①。

当然，在上海滩的三年时光里，沈从文的文学创作中最引人注目的还是那些取材湘西、描绘社会人生苦难的小说。如《柏子》《牛》《七个野人与最后一个迎春节》《会明》《灯》《萧萧》《丈夫》《腐烂》《建设》《某夫妇》等，把湘西社会底层民众的人性展现得淋漓尽致，通过对湘西底层民众野蛮、麻木气质的描绘，引发出试图改变这种野蛮行为、"羸弱国民性"的思考。

1930年夏，胡适辞去中国公学校长之职，他和徐志摩共同推荐沈从文去武汉大学任教，就这样，沈从文逆长江而上，在武汉大学开设"小说习作""新文学研究"两门课。沈从文在武大只任教了一个学期，他经常利用课余时间到图书馆读书，

---

① 沈从文：《阿丽思中国游记》，人民文学出版社2000年版，第03页。

在此期间萌生了对金石的兴趣，他后来回忆："看的是关于金文一类书籍，因为在这方面我认得许多古文，想在将来做一本草字如何从篆籀变化的书。"沈从文自身绝不会想到，这竟然是他后半生从事文物研究事业的最初启蒙。

1931 年 1 月，武大放寒假，由于母亲和九妹仍居住在上海，沈从文回到上海，他去找胡也频和丁玲，商量如何重新创办《红黑》刊物。不料，好友胡也频由于参加中共江苏省委会议而被当局逮捕，沈从文找到胡适、陈立夫等人营救未果。2 月 7 日，胡也频被枪杀于龙华，成为著名的"左联五烈士"之一。沈从文因为陪丁玲送孩子回湖南常德老家，路上辗转多耽搁了时日，回到上海时武汉大学已经开学两个多月，沈从文不便再去教书，便留在上海继续文学创作。

胡也频的牺牲，促使沈从文在思想境界上有了一定程度的升华，他更深入地思索生活的意义和人生的价值，在纪念胡也频的文字中，沈从文写道：

一个人他生来若就并不觉他是为一己而存在，他认真的活过来，他的死也只是他本身的结束，一个理想的损失，在那方面失去了，还适宜于在另一方面重新生长，儿女的感情不应当存在于友朋之间，因为纪念死者并不是一点眼泪。

在中国公学任教的这一年时光里，沈从文人生最大的收获，应该是遇到了难得的爱情，他对女学生张兆和一见钟情并展开追求，坠入爱河，从而演绎出中国近现代文学史上一段备受关注和称道的姻缘。

4. 追求张兆和

对沈从文有过了解的人都知道，"合肥四姐妹"之一的张兆和是沈从文的妻子。要叙述沈从文对张兆和的追求，就要从沈从文到上海任教说起。

1929 年 9 月，沈从文的好友徐志摩向胡适推荐了沈从文，希望能让他在中国公学教书，胡适看过沈的创作后，大加赞赏，因此不顾沈从文只有小学学历，破格录用了他。

胡适（1891—1962），字适之，曾留学美国，先后学习农学、哲学。1917 年回国，担任北京大学教授。1928 年胡适在上海担任中国公学校长。

胡适在北京大学任教期间，就与作为旁听生的沈从文有过接触。当沈从文得到胡适的聘书，让他担任"现代文学选修课"讲师时，沈从文的心中忐忑不安，毕竟只有小学学历，而且从未站在讲台上讲过课。沈从文就给胡适写信表达自己的惶恐。他在信中说，可以先试用一个学期，如果学生觉得不能传递真正的知识，可以克扣一点工资，如果学校认为自己实在无法胜任，自己可以马上卷铺盖走人。

沈从文为了上好第一堂课，自己认认真真地准备了一个小时的课程内容。当沈从文站在讲台上讲述第一堂课时，只用了十多分钟一口气就把一个小时的课程内容全部讲完了。不知道还要讲什么了，沈从文尴尬了，只好实话实说，在黑板上写下"我第一次上课，见你们人多，怕了"。

这件事反映到了校长胡适那里，如果是在今天，那么教师一定会被校长批评一顿，发出警告。但是胡适却没有那么做，只是说了一句："上课讲不出话来，学生不轰走他，这就是成功。"胡适坚持让沈从文继续讲课。沈从文也很快摸清了讲课的路数，继续讲了下去，受到了学生的喜爱。后来沈从文说："适之先生的最大的尝试并不是他的新诗《尝试集》，他把我这位没有上过学的无名小卒聘请到大学里来教书，这才是他最大胆的尝试。"

在上海中国公学任教期间，沈从文喜欢上了一位女学生，并且开始疯狂地追求她，她就是后来成为沈从文妻子的张兆和，二人的第一次邂逅是在校长胡适的办公室里。

张兆和生于清宣统二年（公元 1910 年），安徽合肥人，小沈从文八岁。张兆和与大姐张元和、二姐张允和、妹妹张充和合称为"张氏四姐妹"。民国元年，也就是 1912 年，张家迁往上海。1927 年张兆和与二姐张允和一起到中国公学读大学。

张兆和在上海中国公学读书期间，开始接到了沈从文的求爱信，第一封信的开篇就说"不知道为什么我忽然爱上了你"。其实，给张兆和写求爱信的不止沈从文一人，沈从文是第十三个人。张兆和把"每一封求爱信统一编号，编号前面也不写哪个男生的名字"。她把追求她的男生都叫作青蛙，所以这些信件叫作青蛙一号、青蛙二号①。沈从文就是"青蛙十三号"。张兆和一开始对沈从文并没有好印象，觉得他就是一个乡下人。并且把沈从文第一次上课的情况当成笑话讲给自己的二姐听。面对"青蛙十三号"的求爱信，张兆和置之不理，而沈从文一看没有回信，就继续写求爱信，又到张兆和的寝室找她，当面去告白，这一下子让全校都知道了。而且沈从文在追求张兆和的过程中，也说出了一些极端的话语，根据张兆和的日记记载：

他还说了些恐吓的话，他对莲说，如果得到使他失败的消息，他只有两条路可走，一条是刻苦自己，使自己向上，这是一条积极的路，但多半是不走这条的；另一条有两条分支，一是自杀，一是，他说，说得含含糊糊，"我不是说恐吓话……我总是的，总会出一口气的！"

这使得张兆和非常不高兴。张兆和在放暑假期间，继续接

---

① 钱文忠：《江南·人物传奇》，浙江文艺出版社 2013 年版，第 225 页。

到沈从文的求爱信，张兆和在 1930 年 7 月 6 日的日记记载：

六号，又接到一封没有署名的 S. 先生的来信。没头没脑的，真叫人难受！

我决定八号到上海。

这里的"S. 先生的来信"就是沈从文对她的求爱信。张兆和到上海干什么呢？是要找校长胡适告状去。

7 月 8 日，张兆和拿着沈从文给她的求爱信到上海胡适的家里去告状了。张兆和刚到胡适家里时，胡适家里却有客人。张兆和说：

"有客人我就不进去了。"

"楼上谈不好吗？"胡适问。

"希望胡先生给我一个单独谈话的机会。"

这时，胡适猛然想起："你就是张兆和吧！"

"是的。"

"明天？不，今晚 6 点钟有空，请过来吧。"

晚上 6 点，张兆和准时到了校长胡适的家里。

"我本不该来麻烦胡先生，不过到了无法可办时……"张兆和把沈从文如何给她写情书，又到寝室里找她的事情，一五一十地对胡适讲了。

如果在今天，因为老师追求学生，学生直接到校长那里告状，估计老师离失业不远了。但是胡适之就是胡适之，他不同于常人。他对张兆和说：

"有什么不好呢？我和你爸爸都是安徽同乡，是不是让我跟你爸爸谈谈你们的事情呢？"

张兆和急忙对胡适说："不要讲。"

"沈从文是天才，是中国小说家中最有希望的。"胡适极力夸耀沈从文。

张兆和不以为然。

"沈老师可是顽固地爱你呀！"

"我顽固地不爱他。"张兆和非常坚定地说。

"那你能否成为沈从文的一个朋友呢？"胡适问。

"这本来是没有关系的。"张兆和接着说，"但是沈从文非其他人可比，做朋友仍会引起别人误解的，误解了不要紧，纠纷却是不会完结的。"

胡适继续说："社会有了这样的天才，人人应该帮助他，使他有发展的机会，但是他崇拜你可以说崇拜到了极点啊！"

张兆和仍然不以为然："这样的人太多了，如果一一去应付，简直没有读书的机会了。"

胡适只得给沈从文写信，劝沈从文放弃，信中说"我的观察是，这个女子不能了解你，更不能了解你的爱，你错用了情"，得知此话的沈从文非常伤感，或许觉得离开才是最好的选择吧！

1930 年 4 月，国立青岛大学校长杨振声邀请沈从文到青岛大学任教；6 月，武汉大学的陈西滢给胡适去信，希望能邀请沈从文到武汉大学任教。8 月，沈从文从上海中国公学辞职了，到了武汉大学任教，1931 年 9 月又

胡适之（1891—1962）

到青岛大学任教。但是沈从文给张兆和的求爱信却一直在写，从未中断。沈从文写给张兆和的情书句句暖到人心，成为了情书中永恒的经典：

我行过许多地方的桥，看过许多次数的云，喝过许多种类的酒，却只爱过一个正当最好年龄的人。

一个女子在诗人的诗中，永远不会老去，但诗人，他自己却老去了。

望到北平高空明蓝的天，使人只想下跪，你给我的影响恰如这天空，距离得那么远，我日里望着，晚上做梦，总梦到生

着翅膀，向上飞举。向上飞去，便看到许多星子，都成为你的眼睛了。

"蒲苇"是易折的，"磐石"是难动的，我的生命等于"蒲苇"，爱你的心希望它能如"磐石"。

我念到我自己所写到"蒲苇是易折的，磐石是难动的"时候，我很悲哀。易折的蒲苇，一生中，每当一次风吹过时，皆低下头去，然而风过后，便又重新立起了。只有你使它永远折伏，永远不再作立起的希望。

我说我很顽固的爱你，这种话到现在还不能用别的话来代替，就因为这是我的奴性。

莫生我的气，许我在梦里，用嘴吻你的脚，我的自卑处，是觉得如一个奴隶蹲到地下用嘴接近你的脚，也近于十分亵渎了你的。

1932 年 7 月，张兆和从上海中国公学毕业了，回到苏州。月底，沈从文特意从青岛到了一趟苏州，为的是见张兆和一面。他给张兆和选购了一大包英译精装本的俄国小说。当沈从文敲开位于苏州九如巷 3 号的张家大门时，张兆和却不在家，给沈从文开门的是张兆和的二姐张允和。后来张允和在口述回忆录《张家旧事》里，提到了接待沈从文的那一刻：

站在太阳下，沈从文感到些许的尴尬，我抱歉地说道："沈先生，三妹到图书馆看书去了，一会儿回来，请进来屋里坐。"沈从文听到这样的答复，表现出不知所措的样子，吞吞吐吐地说出三个字："我走吧。"这话像在对我说，又像是对他自己说。沈从文结结巴巴地留下了自己所住旅馆的地址，便转过身，低头走了。他沿着墙，在半条有太阳的街上走着，灰色长衫的影子在墙上移动。

当张兆和得知沈从文来看她，本不想见面，但在二姐张允和的劝说下还是同意与沈从文见面。张兆和到了沈从文住宿的旅馆，再次见到张兆和的沈从文是怎样的心迹呢？1969年，沈从文回忆了两人在旅馆相见的一幕：

那年我从苏州九如巷闷闷地回到旅馆，一下躺倒在床上，也无心吃中饭。正在纳闷的时候，忽然听到两下轻轻的敲门声。我在苏州没有亲戚朋友。准是她！我从床上跳了起来，心也跳了起来！开了门，看见兆和站在门外，双手放在身后。我请她进来，她却往后退了一步，涨红了脸，低低地说："我家有好多个小弟弟，很好玩，请到我家去。"

"我家有好多个小弟弟，很好玩，请到我家去。"这是她的姐姐教给她的话，或许出于尴尬的原因，张兆和见到沈从文的第一句话就是把她姐姐教给的话原封不动叙述了一遍。面对沈从文的礼物，张兆和觉得太贵重了，只收下了其中的三本书，其余的退回了。

　　沈从文的真挚的情感、优美的文字，所换来的终于不再是"顽固地不爱"了，而是成功地打动了这位少女的心。张兆和决定，如果自己的父亲同意自己跟沈从文交往，就接受沈从文的求爱，如果父亲不同意自己跟沈从文交往，那么就拒绝沈从文。沈从文给张兆和写了一封信，信中说，如果她的父母同意这门亲事，就早日打电报通知他，"让我这个乡下人喝杯甜酒吧"。张家的父母同意了这门亲事，先是张兆和的姐姐给沈从文发去了一个字的电报"允"。张兆和觉得沈从文呆头呆脑的，肯定看不懂，就又给沈从文发去了一封电报，就是"乡下人喝杯甜酒吧"。电报员非常奇怪，便问张兆和这是什么意思？张兆和有些不好意思地说："别问了，照拍好了。"

　　至此，沈从文对张兆和这种马拉松式的追求，终于有了美好的结果。在那么多"青蛙"中，只有"青蛙十三号"

沈从文与张兆和

成为了张兆和的丈夫。

1933 年初，沈从文与张兆和到上海看望张父和继母，二人随即订了婚。张家本来是要拿出一笔钱给张兆和陪嫁的，张兆和的二姐张允和出嫁时，张家就拿出了 2000 元钱。而沈从文则是人穷志不穷，写信给张兆和的父亲，表示结婚时不要张家的一分钱。张兆和父亲看到信后非常高兴，夸赞这个女婿有志气。

1933 年 5 月 4 日，沈从文写信给胡适，说他和张兆和已经订婚了，并且对胡适表达了感激之情，信的内容如下：

多久不给您写信，好像有些不好意思似的，因为我已经订了婚，人就是在中公读书那个张家的女孩子，近来也在这边作点小事，两人每次谈到过去一些日子的事情，总觉得应当感谢的是适之先生："若不是那么一个校长，怎么会请到一个那么蹩脚的先生？"在这里生活倒很好，八月七月也许还得过北平，因为在这边学校教书，读书太少，我总觉得十分惭愧，恐怕对不起学生，只希望简简单单过一阵子，好好的来读一些书。

同年 9 月 9 日，二人在北平完婚，胡适就是这场婚礼的主婚人，鲁迅之弟作人写下"倾取真奇境，会同爱丽思"喜联赠予新婚的沈从文。

沈从文与张兆和完婚后，很快就接到了天津《大公报》的聘书，邀请沈从文担任《大公报·文艺副刊》的主编。

5.《从文自传》

1932 年，上海作家邵洵美创办了一个出版机构——上海第一出版社。他预先策划了一套自传丛书，便邀请沈从文写一本个人自传。沈接到任务后，仅仅用了三个星期的时间就把自传完成了。而且写成之后，连看也没有看一遍就交付出版了。1934 年 7 月 15 日，《从文自传》作为"自传丛书·第一辑"与《卢隐自传》《资平自传》《巴金自传》四种共同印刷出版。

《从文自传》一书由两部分组成，第一部分以散文体形式撰写，记述了他从 1902 出生到 1922 年在服兵役期间的生活，或者说是他成为沈从文之前，作为沈岳焕时期的生活。记述了他生长的湖南湘西凤凰的家庭，逃学的经历、服兵役，跟随部队转移湘西、黔北、川东的种种见闻。其中有一篇文章的名字叫《我读一本小书同时又读一本大书》，这篇文章里讲述的是他童年时期的逃学经历，他把社会比喻成了一本读

《从文自传》封面

不完的大书，以逃学的方式去品读社会这本大书。第二部分是沈从文为自己的创作集所写的序、跋、题记、艺文题识以及谈论文学艺术的文字。

那么，这本自传为什么只写作者前20年的生活，写到服兵役期间就戛然而止了？他到北京以后的打拼为何不加入到自传当中呢？在沈从文去北京之前，他的生活轨迹从未离开过湖南境内。这20年的生活也就是作者在家乡的生活，他只写自己在家乡的生活轨迹，是为了表示对家乡的怀念。1932年的沈从文离开家乡9年了，这9年期间，还从未返回家乡。因此，他是想借着朋友约稿写自传的机会，来表达自己的思乡之情。

《从文自传》出版后，受到了大家的喜爱，非常畅销。1936年，《从文自传》再版。《人间世》半月刊向国内的知名人士征询"一九三四年我爱读的书籍"意见时，周作人与老舍都称《从文自传》是最爱读的书。

刚刚而立之年的沈从文就被邀请写自传，可以说此时的沈从文已经是一位具有相当知名度的文学青年了。他通过《从文自传》的写作，小结人生，找到和确立了自己的文学方向，知晓了什么样的作品能代表个人的特色后，继续前行。

6. 回乡

1934 年 1 月初，沈从文收到了家里来信，说母亲病重，想在活着的时候能见上他一面。7 日，沈从文开始了回乡之行。行前，沈从文向妻子张兆和承诺，每天必写信汇报沿途的所见所闻。还未等沈从文写信，张兆和就先动笔了，第一封信的落款日期为"1 月 8 日"。在给沈从文的信中称呼沈为"二哥"，并且在信中表达了对丈夫独自回乡之行的担忧，体现出了浓浓的爱意：

我变得有些老太婆的迂气了，自打你决定回湘后，就总是不安，这不安在你走后似更甚。不会的，张大姐说，沈先生人好心好，一路有菩萨保佑，一定是风调雨顺一路平安到家的，不得已，也只得拿这些话来自宽自慰。虽是这么说，你一天不回来，我一天就不放心。

沈从文在给妻子的回信中，则表达了对妻子的思念之情：

我离开北平时还计划每天用半个日子写信，用半个日子写文章，谁知到了这小船上却只想为你写信，别的事全不能做。

经过了半个月的时间，22 日，沈从文终于回到了老家湖南凤凰。这是沈从文自 1923 年离开家乡后，第一次返回家乡。但是这次沈从文回乡，乡亲们对沈从文却很不放心，认为他是个"危险人物"。这是为什么呢？

在苏联的"共产国际组织"扶持下成立的中国共产党于

1931年11月7日，在江西瑞金成立了中华苏维埃共和国，政权采用"苏维埃"组织形式的革命根据地叫作苏区。此时的国民党军队正在第五次围剿"苏区"，江西临近湖南。苏区红军有战略转移的意向，湖南形势吃紧。而沈从文与曾被国民党抓捕并处死的共产党员胡也频是好友。胡也频的妻子丁玲也是一位共产党员，与沈从文的关系非常要好。

丁玲（1904—1986），原名蒋伟，湖南人。胡也频死后，又与作家陈明结婚，陈明已于2019年5月20日去世。曾出版小说《梦珂》《太阳照在桑干河上》《莎菲女士的日记》以及短篇小说集《在黑暗中》等。1933年5月，丁玲在上海被国民党特务抓捕下狱，沈从文参与了营救丁玲，并在报刊上公开发表文章《丁玲女士被捕》，批评了国民党当局，对逮捕丁玲一事表示抗议。

沈从文的这些事迹，都为家乡人所熟知。所以，乡亲们都怀疑沈从文也加入了共产党，对他躲躲闪闪，就是家里

沈从文的好友，著名女作家丁玲

人也感到了压力，认为沈从文会给家乡带来"灾难"，所以都劝沈从文早日离开。沈从文在家里只待了4天的时间，在这短暂的4天里，他还抽空去看望了他的老上司陈渠珍。他于27日匆匆离开了，返回北平。2月13日，沈从文的母亲黄素英在湖南凤凰病逝。

此次回乡，沈从文一共给张兆和写了50多封信。返回北平后，他便把这些信件都整理起来，时隔半个多世纪后，编辑成《湘行书简》一书，公开出版发行了。

关于这次返乡，沈从文后来在《长河·题记》里回忆道：

去乡已经十八年，一入辰河流域，什么都不同了。表面上看来，事事物物自然都有了极大进步，试仔细注意注意，便见出在变化中堕落趋势。最明显的事，即农村社会所保有那点真正朴素人情美，几乎快要消失无余，代替而来的却是近二十年实际社会培养成功的一种为实为利庸俗人生观……

可以想象，沈从文在写这样的句子时，心中对家乡的变化充满了痛苦与无奈。

7. 三部小说

沈从文出版了多部小说作品，《柏子》《八骏图》《丈夫》《阿金》《贵生》《萧萧》《爹爹》……因无法一一介绍，本节内容选取他的三部影响深远的小说作品——短篇小说《八骏图》《丈夫》与中篇小说《边城》。

《八骏图》原为古代画作题材，这里所说的《八骏图》不是古代的画作，而是沈从文一部小说。"八骏"所指的是八位教授，是沈从文以青岛大学的几位教授为生活原型，有物理学家、生物学家、哲学家、史学家、文学家、西洋文学家等。"图"则是对其生活百态的展开。此小说先是 1935 年 8 月在《文学》杂志上发表，后在文化生活出版社出版。《八骏图》的创作可以说是沈从文"犯了老毛病"。先来看一下《八骏图》的内容：

故事里主要人物是主人公达士先生，受聘出任青岛某大学暑期讲座教授。和其他七位教授同事甲、乙、丙、丁、戊、己和庚之间的琐事。达士先生在给未婚妻的信里描绘出自己对其他人的交往印象，同时也间接反映出自己的思想。

教授甲是位物理学教授，在房间中挂了一幅全家福，六个胖孩子围绕着夫妇二人，太太身体也非常肥胖，家中还挂着一幅半裸体的香烟美女广告，窗台上放了个红色保肾丸小瓶子，一个鱼肝油瓶子，一贴头痛膏。教授乙认为一个人过独身生活洒脱、方便。而在海滩上散步时，却常常从女人一个脚印上拾起一枚闪放珍珠光泽的小小螺壳。教授丙自称是没有恋爱观的老人，但每当他提起美丽的内侄女时，脸上便放出奇异的表情；

丁主张默默地爱一个少女，直等她过了四十岁人老珠黄，才去向她表白；戊是个婚后又离婚的人，对女子常有掩不住的愤慨。教授辛简直是个疯子，他觉得唯有庚教授像个正常人，正在与一个二十五岁的女子恋爱，然而这爱也有点捉摸不定。因此，这七位教授都存在着性心理障碍。

有人认为，教授甲的原型就是闻一多，太太肥胖与窗台上的保肾丸瓶子则是喻示闻一多娶了一个乡下妻子，其婚姻生活、两性生活不如意。对此，闻一多本人也是这么认为的，大怒之后便与沈从文绝交。《八骏图》小说发表十年后，沈从文在《水云——我怎样创造故事，故事怎么创造我》一文中回忆说：

两年后，《八骏图》和《月下小景》结束了我的教书生活，也结束了我海边孤寂中的那种情绪生活。而年前偶然写成的小说，损害了他人的尊严，使我无从和甲乙丙丁专家同在一处共事下去。

前面说到沈从文创作的小说《棉鞋》是对熊希龄等人进行讽刺，他的《八骏图》又是对闻一多等同事进行讽刺，将现实中教授们的道德观的虚伪性以小说的方式予以揭露，为此弄得与同事之间的关系很紧张，甚至不能工作下去，所以是他再次"犯了老毛病"。笔者认为，沈从文的《八骏图》在今天非常有现实意义。今天我们经常会在新闻媒体上看到关于教师猥亵学生的新闻，如中国台湾女作家林奕含曾遭受过老师的性侵而患上抑郁症，最终在 26 岁的年纪自杀身亡。近百年前，沈从文在他的小说《八骏图》中就给了我们这方面的启示，职业不是去衡量人的道德以及心理素质的标准。

《丈夫》是沈从文在他 28 岁那一年，也就是 1930 年完成的作品。首发于《小说月刊》第 21 卷第 4 号上。1993 年，广东东亚音像制作有限公司邀请导演黄蜀芹拍成同名电影向海内外发行。看一看沈从文的《丈夫》所讲述的内容是什么：

一个被称为"老七"的已婚女子，为了生计离开乡村，到城里的一条船上用身体赚钱，而"老七"的丈夫则是在家里种地的。但是"老七"的丈夫对于妻子的这个"职业"，是知道的，也是同意的。

有一次"老七"的丈夫来到城里的这条妓船上看望妻子"老七"，遇到了一个"老七"称之为干爹的常客水保。此时"老七"又不在船上，自己就与水保聊了起来，并如实告诉水保自己就是"老七"的"汉子"。"丈夫"与水保聊得不错，水保便说晚上要来找"老七"，让"老七"不要接客，还要请"老七"的丈夫喝酒，又称"老七"的丈夫为朋友。

水保走后，起初"老七"的丈夫越想越高兴，高兴地唱起了一首山歌。不久，丈夫又从高兴变为了愤怒。到了晚上，"老七"

又同时接待了两个客人，两个客人走后，水保来了，又邀请"老七"的丈夫第二天到他家吃饭，丈夫也同意了。第二天早上，丈夫的心情很难受。"老七"就把自己昨天晚上接客的钱塞到丈夫的手里。老鸨又拿出三张钱也塞到了"老七"丈夫的手里。而丈夫此时却把钱全部扔到地上，两只手捂着脸哭了起来。"老七"也离开了妓船，和丈夫一起回家了。水保来到船上请"老七"丈夫吃酒，得知了二人已经回家的消息。

小说的名字叫《丈夫》，以往都是从"丈夫"这一角色的角度去解读这篇小说。笔者认为以《丈夫》命题本身就是反讽，这是一个不合格的丈夫，让自己的妻子出去卖淫，是乡村中"民智未开"的典型。最后"丈夫亲眼看到妻子工作之后，崩溃是一种人性的释放，最终结局丈夫和妻子一同回家也是淳朴人性的回归"①。沈从文的《丈夫》受到了许多作家的青睐，剧作家曹禺就曾说过，沈从文的作品《丈夫》是了不起的作品。沈从文的表侄黄永玉先生曾写过一篇回忆沈从文的文章——《平常的沈从文》，此文章中提到了著名诗人聂绀弩先生曾这样评价沈从文创作的《丈夫》这部短篇小说：

我看了《丈夫》，对沈从文认识得太迟了。一个刚刚

---

① 暴佩聪、张金娟：《温情还是批判——浅析鲁迅与沈从文对待民俗态度的差异》，载辽宁省社会科学院主办《文化学刊》2019年第七期。

二十一岁（笔者按：聂绀弩说的年纪有误，沈从文写《丈夫》时，年纪为 28 岁）的青年写出中国农民这么创痕渊深的感情，真像普希金说过的'伟大的、俄罗斯的悲哀'，那么成熟的头脑和技巧。

而《边城》可以说是沈从文小说作品中最为著名的一部了。它曾两度被改编为电影。第一次是在 1952 年，被香港的长城电影公司改编成电影《翠翠》；第二次是在 1983 年，被北京电影制片厂改编成同名电影，次年上映。1985 年电影《边城》获得"第九届蒙特利尔国际电影节评委会荣誉奖"。而原著也入选为"20世纪中文小说 100 强"，排在第一名的是鲁迅的《呐喊》，第二名就是沈从文的《边城》。可见小说《边城》的影响力。

《边城》这部小说从 1934 年元旦开始在《国闻周报》上连载，到当月 21 日截止，共连载四期。因小说尚未完成，而此时的沈从文又因在 1 月 7 日动身前往自己的家乡凤凰探望母亲，而无法动笔，所以《国闻周报》只得暂停连载《边城》。此次返乡，历时一个月，回到北平后，立即接续上《边城》的写作，所以在 3 月 12 日又恢复连载，到 4 月 23 日《边城》全部连载完毕，共计 11 期。

"边城"二字的含义就是与喧嚣隔绝的地方，一种田园生活的美好。《边城》也可视为"田园文学"或"乡土文学"的代表作品。小说描述了女主人公"翠翠"与其祖父在与喧嚣隔绝的世外桃源中的生活。

这个与喧嚣隔绝的地方叫茶峒，青山环绕，河水清澈，河边有一座白塔，河的对岸住着翠翠和他的祖父，二人相依为命，还养了一条大黄狗。翠翠的祖父经常帮人渡河，而且不收取费用。如果有人一定要给钱，翠翠的祖父就送人烟叶或者茶叶。在一年的端午节，翠翠和祖父来到河边，参加端午节的庆祝活动，天已经黑了，翠翠在等待祖父接自己回去。就在这时，翠翠遇到了一个叫傩送的人，也就是本小说的男主人公。后来，二人又有几次接触，慢慢就喜欢上了彼此。傩送就告诉父亲，说想娶翠翠为妻。此时，傩送的哥哥天保也喜欢上了翠翠，而且都已经开始托人说媒了。按照当地的风俗，两个男人同时喜欢上一个女子，是要决斗的，谁胜出谁就可以成为女子的丈夫了。但由于二人是兄弟，老二傩送就提出以唱山歌的方式来追求翠翠，看看翠翠喜欢谁唱的歌，让翠翠自己来选择。老二傩送的歌声成功吸引了翠翠。天保非常伤感，就出船走了。没过几天，天保的船翻了，他掉进水里淹死了。

对于天保的死，老二傩送认为自己也有责任，外加翠翠的祖父对自己不满的态度，也心灰意冷，就外出闯滩去了。傩送走了，翠翠的祖父不久也病故了。

小说《边城》里"翠翠"形象的来源主要有两个，一个是沈从文在当兵时期，在行军途中，有一个叫赵开明的好友，在泸溪县城一家绒线铺遇到的一个叫翠翠的少女，赵开明被这个叫翠翠的少女吸引住了，并发誓说："有朝一日我做了副官，一定要回到这里找这个姑娘做老婆。"第二个来源是1933年沈从文在青岛崂山时，遇到的一个穿着孝服的姑娘。

8. 几经辗转，联大任教

1937年7月7日，日军在卢沟桥附近进行军事演习，声称有一名士兵"失踪"了，要进入宛平城搜查，遭到中国守军的拒绝。日军突然向卢沟桥龙王庙中国守军发起进攻，炮轰宛平城。中国守军第二十九师何基沣一一〇旅吉星文团奋起反抗，震惊中外的"卢沟桥事变"爆发，日本开始了全面侵华战争，中国军民也开始了全面抗日战争。

7月25日，日军大规模进攻廊坊。29日，北平沦陷。31日，天津沦陷。在平津的知识分子也准备南迁了。此时的沈从文已经是两个孩子的父亲了。长子沈龙朱3岁了，次子沈虎雏刚出生两个多月，这时候携全家出逃，极为不便。无奈之中，便与张兆和商议，自己先离京，张兆和随后带两个孩子南下。

8月14日，在北平的沈从文按照教育部的秘密通知，随北大、清华一些教师撤离北平，同行者有：梅贻琦、周培源、朱光潜、杨振声、张奚若等人。同时，国立北京大学、国立清华大学、私立南开大学三所学校也南迁。

8月27日，一行人到了南京。但是抵达南京的当天夜里，日军就开始空袭南京。三日后，一行人坐上一条英国客船前往武汉。9月4日抵达武汉。沈从文和几名朋友暂时停留在武汉，在武汉大学图书馆编写教科书。其余的高校教师转车到长沙，组建临时大学。9月10日，国民政府教育部发出第16696号令，宣布由北大、清华、南开三校校长蒋梦麟、梅贻琦、张伯苓三人为国立长沙临时大学筹备委员会常务委员，教育部代表杨振声为筹委会主任秘书[1]，筹建临时大学。10月26日，由北大、清华、南开三所大学在长沙组建的长沙临时大学举行了开学典礼。28日，沈从文也来到了长沙临时大学，与杨振声等人商议编写中小学语文教科书及基本读物相关事宜。30日，沈从文离开长沙回到了武汉。12月下旬，武汉大学停办，沈从文离开武汉回到了长沙。

随着上海以及首都南京的相继陷落，长沙遭到日军军机的空袭，也不安全，在1938年1月，根据国民政府指令，设在长沙的临时大学撤往昆明，另行组建国立西南联合大学。时任中

---

[1] 岳南：《陈寅恪与傅斯年》，岳麓书社2015年版，第121页。

共驻长沙办事处代表的徐特立奉命来到长沙临时大学劝说学生
抵制国民政府与学校当局的南迁号令，让学生抗衡下去。徐特
立的劝说没有起到任何作用，长沙临时大学还是在2月中旬开
始迁往云南昆明。

　　所谓的联大，就是几个大学联合在一起，几个中学联合在
一起就是"联中"。这是抗战时期的国民政府教育部的计划，
为的是确保在战争中教育不终止照常运作，学生们可以一边流
亡一边念书，为国家培养出人才。

　　在所有的"联大"中，最出名的就是西南联合大学。它之
所以出名，不仅仅是云集了如沈从文、陈寅恪、闻一多、朱自清、
刘文典、张奚若这样的大师名家，在西南联合大学毕业的学生
也是人才辈出，最著名的就是两位诺贝尔物理学奖的获得者杨
振宁与李政道，此外知名的还有汪曾祺、穆旦（西南联大毕业，
并留校任教，不久又参加赴缅甸远征军）、邓稼先、任继愈等，
创造了中国教育史上光辉的一页。国民政府任命原北京大学校
长蒋梦麟、清华大学校长梅贻琦、南开大学校长张伯苓三人共
任西南联大常委，主持校务。也就是说，这三人都是西南联合
大学的校长。西南联合大学落地云南昆明后，慢慢壮大起来，
由最初的四院十七系发展到五院二十六系，并开设西南联大附
属中学、附属小学。

学校从长沙迁到昆明了，沈从文只得离开长沙，到了沅陵。4月30日，沈从文也到了昆明，在西南联大做编写教科书的工作。当年9月，张兆和带着两个孩子与沈从文的九妹从天津出港，经上海、香港，再到越南海防，于11月4日到达昆明，与丈夫沈从文团聚了。

在昆明，沈从文一家住进了北门街蔡锷的旧居，与多人同住一个院子，组成了一个大家庭。北门街靠近中央研究院历史语言研究所，这个大院子常常有客人上门，傅斯年、李济之、罗常培等人常来吃饭、聊天。

1939年5月7日，沈从文被邀请到西南联大高原文艺社（学生组织的社团）做了一场演讲，题目叫《文学与时代及人生》。沈从文在演讲中告诉大家，在目前的局面下，文艺家应当恪尽职守，写出无愧于时代的作品来。战争是民族的灾难，同时也是锻炼和检验民族的机遇。在这次西南联大演讲的一个月后，即6月6日，沈从文的老上司，时任西南联合大学常务委员的杨振声在参加西南联大教师聚餐会时，向联大国文系主任朱自清提议聘任沈从文为国文系教师，朱自清犹豫，表示此事有些难办。既然杨振声提出了，朱自清就要尽力去帮忙。6月12日，朱自清找到罗常培商议聘请沈从文事宜。当时西南联大校委会和中文系并不认可这位作家来当教授，因为沈从文是一位新文学派的作家，而西南联大开设的课程都是学术性的。所以，沈从文进入西南联大受到了一定的阻力。

西南联合大学校徽

西南联大在6月27日召开的常务委员会第111次会议，还是通过了"聘沈从文先生为本校师范学院国文系副教授，月薪贰佰捌拾元，自下学年起聘"①的决议。实际上，北大、清华、南开三所学校虽组成了西南联大，但是各自有各自的学生、体制。在聘任教师上，则需要有一所学校先发聘书，然后再由西南联大发聘书，若没有北大、清华或者南开一家学校的聘书，那么西南联大也就不能发聘书。沈从文则是先由北大发的聘书，再由西南联大发聘书。沈从文在西南联大任教后，主要开设的课程有：国文、中国小说史、各体文习作。又同联大的几名教授共同创办了期刊《战国策》，每半月出版一期。以《战国策》为名字，是因为将国际形势看作"战国时代的重复"，是争于利的，没有什么正义人道可言。

---

① 《国立西南联合大学史料》，云南教育出版社1998年版，第2册，会议记录卷，第96页。

1943 年 7 月，西南联大常委会第 268 次会议通过了沈从文晋级为教授的决议，月薪由原来的 280 元上涨到 360 元。

沈从文在西南联大任教，引起了一个人的不满，他认为沈从文根本不配做大学教授，这个人就是刘文典。

刘文典（1889—1958），曾加入中国同盟会，后又赴日本，在早稻田大学留学。在此期间，结识了章太炎，成为了章的学生。1912 年回国任上海《民立报》编辑。1913 年再次赴日，结识了孙中山，成为了孙的秘书，又加入了中华革命党。1916 年再回国任北京大学教授。后来刘文典又在北大与清华两所大学兼课，其《淮南鸿烈集解》为成名作，另著有《庄子补正》等著作。任教期间，先后讲过"先秦诸子研究""淮南子研究""庄子研究""大唐西域记研究""文心雕龙研究""文赋研究""史通研究""论衡研究""今古文研究""杜甫研究""陶渊明研究""温庭筠、李商隐研究""文选学""校勘学""玄奘传校注""中国化的外国语"等①，可见刘文典学识渊博。他不仅学识渊博，而且还非常狂傲，不把很多人放在眼里，可称为"民国版的李敖"。

1929 年，刘文典任国立安徽大学校长时，当时的国家最高领导人蒋中正（字介石）见到了刘文典，责备他"纵容学生闹

---

① 郭杨：《民国大先生》，中国长安出版社 2016 年版，第 141—142 页。

事"等。刘文典丝毫不客气地进行反击。蒋中正说："刘文典，你看看自己像个什么东西？简直一个封建遗老！不把你这学阀撤掉，就对不起总理在天之灵。"刘文典素性恃才不羁，回击道："你看看你是个什么东西？纯粹一个封建军阀。"两人双双拍案大骂，一个骂"你是学阀"，一个骂"你是新军阀"。蒋中正盛怒之下动了粗，当众打了他两耳光。刘文典不甘示弱，一脚踢在蒋中正的肚子上。蒋捂着肚子，疼得脸上直流汗。事后当地警方介入，刘文典殴打总统，蒋中正却以"治学不严"为名，将刘文典关了7天后释放。

敢动手打蒋中正的刘文典，又岂能把沈从文放在眼里？他到了西南联合大学任教后，非常厌恶沈从文。举个例子，每次日军飞机轰炸昆明时，西南联大的师生都要躲避。有一次昆明拉响了警报，刘文典扶着陈寅恪跑到郊外。刘文典看到了沈从文也在人群里，他一把抓住了沈从文的衣领说道："陈先生跑，是为了保存国粹。我跑，是为了保存《庄子》。学生跑，是为了保留文化火种。你沈从文跑是为了什么？"沈从文并没有理会刘文典，索性继续跑，远离这个"瘟神"。而刘见到沈没有理会他，继续跑，更加气愤，继续对沈进行叫骂。

后来刘文典又对沈从文挖苦道："讲中国现代文学，鲁迅可以值60块大洋，而你，最多值8块。你根本就不配做大学老师。"

沈从文在西南联大升任了教授，刘文典非常气愤地说："陈寅恪才是真正的教授，如果陈先生拿400块的工资，那我该拿40块，而沈从文连4毛钱都不值。沈从文这样的人都能做教授，那我是什么？岂不是成了太上教授了？"对沈从文如此看不起，连嘴上都毫不留情面。而沈从文生性腼腆，钱钟书先生

"狂人"学者刘文典

曾说沈"有些自卑感"，因此他从来没有跟刘文典有过任何计较。刘文典本人曾评价自己："我最大的缺点就是骄傲自大，但是并不是在任何人面前都是骄傲自大的。"实事求是地讲，刘文典待人是公正的，沈从文的学问确实不如陈寅恪。陈寅恪在清华任教时，因为渊博的知识，他被称为"教授的教授"。傅斯年曾这样评价过陈寅恪：陈先生的学问近三百年来一人而已。所以刘文典也曾说"我十二万分佩服陈寅恪""自己的学问不及陈氏于万一"。

但是也有人认为，因为沈从文是新文学作家，刘文典所针对的是新文学作家的态度，并非是沈从文个人[1]。这种观点也是非常有道理的。刘文典本人说过这样一句话："文学创作的能力不能代替真正的学问。"刘文典走的是学术研究的道路，而不是文学创作的道路。在他看来，文学创作永远不及学术研究。

不仅仅同行教授看不起他，就是西南联大的学生里也有看不起沈从文的。穆旦在西南联大读书期间就曾说过："沈从文这样的人到联大来教书，就是杨振声这样没有眼光的人引荐来的。"

在我们看来，这或许是文人相轻吧！沈从文在学问上，虽然不及刘文典、陈寅恪、傅斯年这样的大家，但确实是一位非常尽职尽责的好老师。在西南联大期间，他从来不给学生留命题作文，任由学生去写作发挥。等到再上课的时候，沈从文就拿着学生们自由写作的作文来讲课，这就是所谓的各体文习作了。沈从文批阅过的每一篇学生作文，都在作文的后面附上个人的读后感，有的读后感甚至比学生的作文还要长。而且沈从文还将学生们的作品邮寄给他熟悉的报刊，帮助学生发表作品，而且每次邮费都是沈从文自己掏腰包。同时，沈从文还非常关注基层的教育，经常到当地的乡下中学义务上课。

---

[1] 张新颖：《沈从文的前半生》，上海三联书店 2018 年版，第 286 页。

他的藏书很多，经常有学生管这位沈老师借书，沈从文每次都是慷慨应允。据汪曾祺回忆：联大文学院的同学，多数手里都有一两本沈先生的书，扉页上用淡墨签了"上官碧"的名字（上官碧是沈先生的笔名）。谁借了什么书，什么时候借的，沈先生是从来不记得的。直到联大三校复员，有些同学的行装里还带着沈先生的书，这些书也就随之漂流到四面八方了。

位于云南昆明的西南联合大学旧址

时间到了1945年9月2日，日本政府在东京湾美国密苏里舰上正式签署投降书。一周以后的9月9日，南京中华民国政府举行受降仪式，接受日军投降。至此，中国军民历时14年的抗日战争取得了胜利。非常巧合的是，9月9日这一天还是沈从文与张兆和的结婚纪念日，这对沈从文来说是双喜临门，他便邀请朋友到家中一聚，答谢妻子张兆和十余年来操持家务的辛劳，并且庆祝抗日战争取得胜利。朋友走后，沈从文连夜创作小说《主妇》，作为结婚十二周年的礼物送给妻子。

抗日战争胜利了，西南联合大学的使命也即将结束。1946年5月4日，西南联大举行了校史上最后一次毕业典礼，校长梅贻琦宣布国立西南联合大学正式结束。随后，举行了西南联大纪念碑揭幕式。值得一提的是，西南联大纪念碑的背面，刻着的是834名参军抗日的联大学生的名字。10日起，清华、北大、南开三所高校开始复校工作，迁回北平与天津。原私立南开大学迁回天津后，也改为国立南开大学。三所学校北返后，国立西南联合大学也改名为国立昆明师范学院，沈从文在西南联合大学的任教生涯也随之结束了，他被聘为北京大学国文系教授。

西南联合大学结束后，有一批教师自愿留在云南昆明，继续在昆明师范学院任教，1984年，昆明师范学院又改名为云南师范大学。

9. 任北大教授时期

1946年6月7日，国立北京大学昆明办事处致函北京大学历史系教授郑天挺，列出被北京大学聘请为教员的名单，共计36人。其中，沈从文被聘请为北京大学国文系教授。7月12日，沈从文全家飞往上海。在上海期间，沈从文与巴金、叶圣陶等友人会面，朋友们多劝他留在上海进行小说创作，不要到北平去了，而沈没有接受这个建议。月底，沈从文全家又到了苏州，张兆和的父亲在苏州创办了一所乐益女子中学，此时张父已经过世。张兆和决定带着两个儿子留下来，在学校教英文。沈从文则于8月27日到达北平，正式就职北京大学教授。抗战胜利后，蒋中正原本任命傅斯年为北京大学校长，但是傅斯年坚决不肯就任，只就任了北大的代理校长，而校长之位则是给胡适留着的。而胡适也于1946年7月底从美国飞回北平（1937年抗日战争全面爆发后，蒋中正委派胡适出使美国，次年就任驻美大使），就任北京大学校长。胡适再次成为了沈从文的上司。

沈从文任北京大学教授的同时，还担任了四个报刊的副刊编辑工作，分别是天津的《益世报》《大公报》以及北平的《经世日报》《平明日报》，他的生活又紧张忙碌起来了。从沈从文就任北大教授后，他一面进行文学创作，一面开始进行文物研究。众所周知，后来的沈从文是一位非常著名的文物学家。都说他是在新中国成立以后才开始研究文物，这种说法是不准确的。在国民党统治的末期，沈从文就已经开始了对文物的研究，但他彻底放弃写小说，确实是在新中国成立以后。沈从文从一位小说家、文学家转变为一位著名的文物学家，他的"转型期"

就是在任职北大教授期间（1946.8—1949.8）。

今之文物学，即古之金石学也，始于宋代。沈从文的文物史基础在他当兵期间就奠定了，他在西南联合大学任教期间，经常和在云南大学任教的施蛰存一起逛夜市、淘古董，又购买文物史方面的书籍。如 1945 年 10 月 5 日，沈从文购得中华书局 1936 年版的《漆器考》[①]。沈从文的学生汪曾祺（1920—1997）在《与友人谈沈从文》一文中回忆说：

我在昆明当他的学生的时候，他跟我（以及其他人）谈文学的时候，远不如谈瓷器，谈漆器，谈刺绣的时候多。

而且汪曾祺还在《我的老师沈从文》一文中写到了沈从文在西南联大时认真研读文物书籍的样子：

沈先生看过的书大都做了批注。看一本陶瓷史，铺天盖地，全都批满了，又还粘了许多纸条，密密地写着字。这些批注比正文的字数还要多。

正是因为沈从文有了深厚的文物史功底，他便在 1948 年开始给北京大学博物馆专修科讲授"陶瓷史"课程，编写课程计划《中国陶瓷三十课》，并撰写书稿《中国陶瓷史》（生前未出版）。同时，沈从文又撰写多篇有关文物研究的文章，如《关

---

① 刘宜庆：《绝代风流：西南联大生活录》，辽宁人民出版社 2020 年版，第 162 页。

于西南漆器及其他》《中国漆器工艺》《漆工艺问题》等。在北京大学筹备博物馆时，沈从文将自己多年收藏的瓷器、漆器、贝叶经、民间工艺品等文物捐了出去。新建的博物馆缺乏资料，沈从文又捐赠自己所收藏的文物图书。可见，沈从文对于研究文物的热情度。

复旦大学中文系的张新颖教授是一位研究沈从文的专家，他将沈从文的生平以1948年作为分界线，1948年以前为沈从文的前半生，1948到1988则为沈从文的后半生。因为从1948年开始，沈从文正式开始教授有关文物史方面的课程，撰写文物史研究方面的论文。

1948年的沈从文开始转向了对文物的研究，而1948年的中国，又正面临着全新的局面。当年11月29日，共产党所辖的东北野战军100万人同国民党傅作义部60万人展开决战，此时的国军气脉已竭，12月12日北平被共产党军队包围。国民党最高领导人蒋中正与教育部长朱家骅、北京大学代理校长傅斯年、南京政府青年部次长陈雪屏制订"学人抢救计划"。力图把平津学术界、教育界知名人士运往南京。傅斯年与陈雪屏列出一个名单，沈从文位列其中。在傅斯年与陈雪屏争取沈从文的同时，中共的地下党员也在争取沈从文。是去是留，是摆在沈从文面前的一道选择题。不久，陈雪屏奉命从南京飞到了

原北京大学代理校长、台湾大学校长傅斯年（1896—1950）

被共产党军队包围的北平，召集梅贻琦、胡适等人商议"学人抢救"实施办法。梅贻琦、胡适是去意已决的。当他通知沈从文全家南下到南京，并答应提供全家人的机票时，沈从文却拒绝了陈雪屏的南下要求，选择留了下来。

1949 年元旦，毛泽东提出"打过长江去，解放全中国"的响亮口号。此时的首都南京虽然还在国民党的手里，但是蒋中正已经认识到了，整个大陆已经是守不住了，要把台湾地区作为最后的退守之地，便任命自己的心腹陈诚为台湾省政府主席，全力经营台湾，为日后撤退做准备，又任命傅斯年为台湾大学校长，负责台湾地区的教育工作。1 月 19 日，傅斯年乘军用飞机赴台。

次日，正式就任台湾大学校长。傅斯年到台湾后，对于"学人抢救计划"仍然没有放弃，再次邀请沈从文、陈寅恪等大陆学人赴台。沈从文对傅斯年的邀请仍然是不为所动。

1950 年 12 月 20 日，
傅斯年"归骨于田横之岛"，
这是在台湾大学里的傅斯年墓碑

沈从文没有选择南下，并不是他站在中共的政治立场之上，而是因为沈并不想再过着颠沛流离的生活。虽然胡适、傅斯年、梅贻琦等少数人跟随国民党南下，但是他的许多老朋友如朱光潜、杨振声、梁思成等人也没有跟随国民党走，而是留了下来。无论是国民党统治，还是共产党统治，都是中国人。基于这些原因的考虑，沈从文留了下来。而且沈从文不参与政治，他既不加入国民党，也不加入共产党。甚至对民主党派，沈从文也是拒绝的。在抗日战争胜利之初，闻一多与吴晗就邀请沈从文加入中国民主同盟会，被沈从文婉言拒绝了。他反对党派政治，他反对内战，认为国共战争是"民族自杀悲剧"，可以说沈从文是一个走中间路线的文人。

北京大学被共产党接手了，政治环境改变了，沈从文的命运也随之发生变化。作家陈徒手先生在《午门城下的沈从文》一文中说道"一九四九年是沈从文的生死线"。这又是怎么回事呢？

早在 1948 年 3 月，郭沫若撰写的《斥反动文艺》一文在香港发表，文中斥责了沈从文，说他是"有意识地作为反动派而活动着""专写颓废色情的'桃红色'的反动作家"，当沈从文看完此文后，只气愤地说了两个字：恶毒。

在北平刚刚易手的 1949 年 1 月，北大学生在校园里又贴出大字报，全面攻击沈从文，抄录郭沫若《斥反动文艺》全文，又贴出标语"打倒现代评论派、新月派、第三条路线的沈从文"。

沈从文面对郭沫若的批判，是什么态度呢？当年 2 月，沈从文接受北平《新民报》记者采访时，谈到了郭沫若的《斥反动文艺》一文对他的批判，他说"我觉得郭先生的话并无感情用事的地方，但是郭先生说我只写恋爱小说，其实不对。在抗战时期我写的东西很多，不过有的是受检查没有被通过，不能出版，自焚的作品就有好几部"。沈从文不了解的是，郭沫若对他的批判是政治需要。正如沈从文的"连襟"，著名语言学家周有光先生所说："郭沫若批沈从文是不公平的，这是一种政治性贬低。郭为了政治意图一边倒，揣摩上面的意图，他当时批评许多人都是错误的。"

在同一时期，又有人撰写《对于当前文艺运动的意见——检讨、批判和今后的方向》一文，文章直接说沈从文是"大地主大资产阶级的帮凶和帮闲""直接作为反动统治的代言人"。紧接着，恐吓信又接二连三地收到。这时的沈从文已经处于悲观、绝望、精神崩溃的边缘了，甚至已经不想活下去了。在给张兆和的信中可以看出他的心迹，"我用什么来感谢你？我很累，实在想休息了，只是为了你，在挣扎下去。我能挣扎多久，自己也难知道！我需要一切重新学习，可等待机会"。还有给张兆和来信上面做的批语："我'意志'是什么？我写的全是要不得的，这是人家说的。我写了些什么我也就不知道……给我不太痛苦的休息，不用醒，就好了，我说的全无人明白。"沈从文最终选择了自杀，在1949年3月28日，他"用剃刀把自己颈划破，两腕脉管也割伤，又喝了一些煤油"[①]。因被及时发现，送往医院，而脱离了生命危险。是谁及时发现了沈从文自杀而将其救出的？笔者查阅到了两种说法，一种说法是张兆和的堂弟张中和；另一种说法是沈从文的儿子沈龙朱，这里就

---

① 吴世勇：《沈从文年谱》，天津人民出版社2006年版，第312页。

不做探究了。沈从文脱离危险后，被送到一家精神病院做疗养。4 月，沈从文从精神病院出院，北京大学国文系已经没有沈从文的课程了，他只好到北大博物馆参加工作。8 月，沈从文结束了北大的教师工作。

10. 新的学习

1949 年 8 月，沈从文被调入位于午门附近的北京历史博物馆工作，结束了北大教授的生涯。1950 年 3 月 2 日，沈从文又被安排到北京的华北大学进行政治思想改造。

此前 10 个月，还是 1949 年春夏之交，张兆和就报名进入华北大学学习，当时还经历了入学考试，被分配到该校第二部。入学第二天，张兆和给沈从文及两个儿子写家信，告诉他们在学校的生活和学习情况。

从张兆和笔下不难看出，当时的华北大学学员伙食十分简单："我已经吃过华北大学两餐饭了，昨天我吃得很少，小半碗米饭，一小撮小白菜，今天早晨八点钟吃饭，饭是昨天剩下的，有点馊味……我现在已吃过饭，这次是高粱米饭加绿豆，比小米饭好吃，仍然是白菜汤，我吃小半碗，太结实。""一会儿四点钟，我们就吃晚饭，五点到七点自由活动，可以出门，我一定要上街买点花生米，预备明天饿的时候吃。"

张兆和在信中也提到，住宿是五人一个房间，"五个铺位一顺的铺在席子上"。因为当时刚刚入学，张兆和并未在信中谈及学习课程情况，只提到学校教唱《华北大学校歌》，班级学习小组唱的是《你是灯塔》和《国民党一团糟》。

这便是沈从文对华北大学的最初了解。

沈从文在描述张兆和前去学习后自身独处的感受时写道："回到住处，家中空空的，处理自己，已完全失去定向。在一切暗示控制支配中，永远陷入迫害疯狂报复里，只觉得家庭破灭，生存了无意义。"

后来，沈从文在痛苦中表露："我在学做人，向人多处走了。我起始在动，一种完全自发的动。"

由于对华北大学有所了解，沈从文曾建议好友秦晋到该校学习，他还热情建议秦晋到华北大学二部，称"求实际，二部比四部落实"。然而，或许是沈从文名气太大，最终其所在单位北京历史博物馆将他送入了华北大学第四部学习。

华北大学究竟是一所什么学校？为了迎接全国解放，1948年5月，在华北解放区成立了华北大学，校长是资深革命家吴玉章，副校长是成仿吾和范文澜，各部、院的负责人全部是中共干部，如钱俊瑞、沙可夫、孟夫堂，以及沈从文熟悉的乐天宇等。艾思奇、何思敬、艾青等文史哲界英才担任该校教员。

华北大学公开招生，起初办学宗旨是为军队和地方党政机构培养各类干部。北平解放后，华北大学搬迁至北平，其办学宗旨也随着形势的发展有所变化。

华北大学第四部开设的政治研究所设在西郊拈花寺，与其他几部、院不同的是，四部不公开招生，而是按照中共中央的指示，只接收高级知识分子、较有名望的民主人士、国民党军政人员和从欧美归国的留学生等，目的是引导他们"自觉改造思想，树立新的革命人生观"。无疑，沈从文是作为高级知识分子入学的。

华北大学四部规定，学员平常必须在学校住宿，每周六可以回家，周一早晨返校。平时，沈从文和其他学员一起吃住在拈花寺的大殿内。班主任是老红军，可以吃小灶；学员因为普遍有一定社会地位，可以吃到中灶，常常可以吃到肉，待遇比张兆和要好一些。

在服装备品上，沈从文获发一套灰色棉布制服，还有一些学习用品，而张兆和等其他部、院学员，每人只能发一套灰土布制服和一条白粗布被子。

沈从文入学时，华北大学第四部政治研究所已经开办第二期，沈从文被编入第五班第三组。

沈从文此次入校学习前，精神颇为振奋，他向家人表示："我要把从前当小兵的劲儿拿出来,什么我都肯干,谁也干不过我!"

1950年3月2日,沈从文正式来到学校,开始了新的学习生涯。沈从文认为,自己要以"真正小学生态度""从每件小事老老实实学起"。

第一阶段学习的主要内容是"时事",主题是"蒋军必败"。沈从文等学员在两周内学习了六份文件。学习后,沈从文认识到:"想做一个人民勤务员,还需要身心都结实一些。"时事学习结束后,每名学员都要写一份"时事学习总结",写好之后要在小组会上逐个讨论。向来对军事战争不感兴趣的沈从文最后还是过关了。

时事学习总结讨论结束后,开始听土改报告和其他报告,学习内容也有所扩展。学员们还参观了在故宫午门展出的革命烈士照片。

沈从文在华北大学四部政治研究所学习时间约一个月,学习结束后写学习总结。沈从文写道:"且看出廿年用笔离群所形成的病的空想,必回归人民队伍,方能成为一个健康正常的人。"

1950年4月,沈从文转入华北人民革命大学继续学习。此时,华北大学四部政治研究所并入华北人民革命大学政治研究院。华北人民革命大学由华北局党校改组而来,华北大学后来与其合并,再其后成为中国人民大学。政治研究院的学员构成比较多元，有"海归"精英、著名科技工作者、国民党起义人员、原国民党高级官员，也有一些其他领域的高级知识分子，学员中名人较多，像中共"一大"代表包惠僧"离群"已久，此时由周恩来亲自介绍入政治研究院学习。

沈从文进入华北人民革命大学政治研究院学习后，开设的第一门课是"革命人生观"，历时三周；第二门课是历史唯物主义中的"劳动创造世界"，历时两周。在学习过程中，学员需要阅读参考相关文件，并结合所学在小组中发言、讨论。学完这两门课后，举行理论测验和典型评卷。

在学习理论之余，沈从文等学员还要参加生产劳动，如抬土、种菜、挖水沟、清扫厕所。

相较于此前的拈花寺大殿，此时沈从文的住宿条件有所改善，两人合睡一张大床，早晚供应热水。学校定期为学员检查身体。课余文化生活也较丰富，周末常举行舞会，还能看到新歌剧，如《白毛女》《王贵与李香香》等。

当时由于刚解放不久，和沈从文一同进入政治研究院学习的学员有很多抱有"看看再说"的心态，课余时间习惯于打牌、唱戏、下棋、跳舞、说笑话等文娱活动。相比之下，沈从文的学习态度是比较端正的，他认为那些喜欢娱乐的学员是难以改造好思想的，而他对自己的前途则依然充满期望。

沈从文青少年时代的社会底层经历，使他不大容易融入这些过惯了都市生活的同学们的圈子中。对舞会等文娱活动，沈从文从不参加。相反，他却和普通劳动者容易产生共鸣。有位炊事员是个退伍老兵，和沈从文相处颇多，沈从文有意在炊事员的指点下管管炉灶。他们都有过从军经历，这位老兵甚至参加过卢沟桥抗战，两人在夜色下坐在厨房旁边的院坪里，一谈就是良久。

在老炊事员身上，沈从文产生了创作灵感。沈从文感到接触老炊事员是自己正与人类善良、诚实、热情与爱的本性贴近。学习之暇，沈从文拿起笔来，很想写出老炊事员的经历和生活，但他最终放弃了。他想到了课堂上的一些话语，觉得手中的一支笔已经过时，跟不上时代了，他已经对自己的文笔缺乏足够的自信，不清楚自己对一个真正劳动者的认识是否得体，这种写作会不会构成"歪曲劳动人民"？

沈从文觉得应该在劳动实践中改造思想，他去找寻那些勤杂工也不愿干的脏活、累活，在劳动中磨砺自我。他此间的同学顾学颉后来回忆了沈从文这样一个细节："那是一个什么节日，放假，在京有家的人都回了家，外地的同学也都到城里朋友亲戚家去了，唯独他没回去，也没人注意。第二天大家回校之后，有一个同学上厕所小便时，发现了便池焕然一新。大约几十年没洗刷干净的小便池，深厚的积垢，都一扫而光，干干净净，十来个池子，个个如此。"

原来，这些小便池是沈从文"用刮胡子的刀片慢慢一个一个池子刮，花了整天时间，总算大致干净了"。

那年月的旱厕，刮便池要忍受怎样的难耐，可想而知。但沈从文，把这项脏活累活当成思想改造的过程。在他看来，打扫厕所，是践行为人民服务。

沈从文在这阶段的书信中认为，经过学习改造，他变成了"一个经过改造的小小螺丝钉"。

中央统战部部长李维汉来校对沈从文等人的讲话，深深触动了沈从文。他写道："听李维汉讲话说，国家有了面子，在世界上有了面子，就好了，个人算什么？说得很好，我就那么在学习为人民服务意义下，学习为国家有面子体会下，一天一天的沉默活下来了。个人渺小得很，算不了什么！"很显然，在革命大学学习期间，沈从文对个人在国家中的作用有了新的认识。

沈从文对长时间的学习也有几分不适应，他在阐述自己热衷劳动实践的动因时写道："学习既大部分时间都用在空谈上，所以学实践，别的事既做不了，也无可做，我就只有打扫打扫茅房尿池，可说是在学习中对人民服务。"

通过在华北人民革命大学的 9 个月学习，沈从文"对知识分子的好空谈，读书做事不认真……总感到格格不入"，他"把一双手用来收拾茅房便池，当成主要业务了"。

尽管沈从文自己认为学习有所收获，感到"人在群体生活方能健康"，但他的政治理论测验成绩和联系群众方面的评分，大致被评定为丙丁之间。

据说，沈从文这批学员，成绩被评定为甲乙者很少。有的学员在学习结束之前就选择了自杀，有的遭到公安机关逮捕，有的被管制起来，有的学习结束后不予分配工作。沈从文获得学校的结业文凭并能回到原单位工作，属于学员中归宿较好者。

1950年12月18日，沈从文从刘澜涛校长手中接过结业证书，标志着他生平最后一次入校学习生涯结束。沈从文被学校安排返回原单位北京历史博物馆工作。1951年秋，沈从文被组织派去四川内江参加土改工作，在农村现实斗争中接受阶级教育，这属于结业后的实践学习内容，一直到1952年3月7日返回北京。

为了回应海内外读者对已经在报刊上消失了三年的沈从文的关注，澄清一些不实的谣言，证明沈从文尚在人间且并未失去自由，沈从文决定将自己在华北人民革命大学学习结束时所写的自我批判式思想小结《我的学习》公开发表，在组织的联系下，1951年11月14日，《大公报》全文刊载了这篇《我的学习》。这是新中国成立以后沈从文发表的第一篇文章。

11. 文物学者

1950 年 12 月沈从文结束了政治思想的改造学习，被重新分配工作，让他"回到作家队伍中搞创作"。而沈从文则表示还希望回到历史博物馆继续工作。沈从文的意见得到了尊重，因此他又回到了博物馆，名分是设计员，做研究①。此时的北京历史博物馆已经搬迁到天安门广场东侧，更名为中国历史博物馆了。

重新回到中国历史博物馆的沈从文，主要进行展览的讲解词撰写以及担任讲解员的工作。1951 年 1 月沈从文参与撰写"原始社会展览"的讲解词，沈从文完全不了解这个时期的历史，他是一面查资料，一面撰写讲解词，又一面向观众讲解。随后中国历史博物馆举办"敦煌文物展"，沈从文就到陈列室做解说员。说到做解说员，后来有不少人以此而为沈从文鸣不平。然而沈从文却不这样认为，据沈从文的学生于善浦先生向笔者回忆，沈从文对他说过，他的很多知识都是从做讲解员中学来的。沈从文的学生汪曾祺也回忆说："从一个大学教授到当讲解员，沈先生不觉有什么'丢份'。他那样子不但是自得其乐，

---

① 张新颖：《沈从文的后半生》，广西师范大学出版社 2014 年版，第 54 页。

简直是得其所哉。只是熟人看见他在讲解，心里总不免有些凄然。"可见，沈从文认为做讲解员是他学习的一个好机会，是让沈非常高兴的一件事。此时的沈从文除了在博物馆上班，还兼职在辅仁大学教散文习作，而沈从文的课堂实在冷落得可怜，一周只有两个小时课，听课的也只有五个同学而已。所以，此时的沈从文精神上是比较空虚的。有人劝沈从文"重操旧业"，继续之前的小说创作，而沈从文却认为已经"十分生疏"，不能再提笔写小说了。1953 年秋，国家领导人毛泽东、周恩来接见了 12 位作家，沈从文位列其中。毛泽东主席在得知沈从文的年纪后，则对他说："年纪还不老，再写几年小说吧！"不久，任职于中共中央宣传部的胡乔木给沈从文写信说，可以为他重返文学岗位做安排。然而，沈从文还是拒绝了胡乔木的好意，他决定留在历史博物馆工作，因为他已经爱上文物研究这一行了。因此可以说，沈从文到历史博物馆工作以后，或者说新中国成立之后，沈从文已经从一位作家，成功蜕变为一个文物研究学者了。

1956 年初，担任中国作家协会书记处书记的严文井找到沈从文的妻子张兆和谈话，问及沈从文的工作意向。张兆和表示要让沈从文到故宫博物院的织绣服饰馆工作。5 月 7 日，文化部文物管理局给中国历史博物馆下发《调沈从文到故宫博物院工作通知》，该《通知》上写道"你馆沈从文同志业经部同意调到故宫博物院工作。接通知后，请即办理调职手续为荷"。但是沈从文本人并不想到故宫博物院工作。鉴于沈从文在文物研究上的造诣，时任故宫博物院院长的吴仲超就聘请沈从文在故宫博物院的织绣研究组做兼职工作。在所附中国作协党组致文化部党组的函件上，故宫博物院人事科注明这样一段话："因本人不愿来院工作，现征得组织同意来我院陈列部兼研究员工作。"

沈从文到故宫任兼职工作的具体时间是在什么时候？这是一个存在争议的问题。2005年，故宫博物院院长郑欣淼在《沈从文与故宫博物院》一文中，谈沈从文在故宫的时间弄不清。著名清史专家于善浦先生回忆在故宫第一次见到沈从文的时间是这样说的："1956年，院领导为加强织绣研究力量和提高研究水平，特请我国著名文物学家、中国历史博物馆研究员沈从文先生兼任故宫博物院织绣研究组的业务指导""记得那是一个初冬的时节"（见本书下篇）。按照于善浦的说法，沈从文到故宫的时间应该是1956年底。而根据《沈从文年谱》记载，故宫博物院人事科注明这段话的时间是"1957年1月23日"。除此以外，作家陈徒手采访陈娟娟等人的说法也是"1957年沈先生到我们故宫织绣组当顾问"（见《午门城下的沈从文》）。所以，笔者认为于善浦先生的回忆有误，沈从文到故宫博物院任兼职的开始时间是 1957 年初。沈从文在故宫博物院织绣组工作了两年的时间，1959 年离开了。这两年期间，沈从文培养了很多杰出的文物学家，其中陈娟娟就是一个例子。当时陈娟娟（1936 年生人，1956 年进入北京故宫博物院，师从沈从文，致力于中国织绣文物研究。著有《中国丝绸艺术》等，曾任故宫博物院研究员等职务，于 2003 年病故）刚从中学毕业，到故宫工作后，对文物不懂，也没有兴趣，完全是在沈从文的培养下，她热爱上了这个专业，成为了研究、鉴定文物的专家。

关于沈从文在故宫博物院做兼职工作期间的事情，在本书第二部分，由著名清史专家于善浦先生口述的《我和沈从文的交往》中的第三节《我和沈从文在故宫工作》已做了详细记录，这里就不再赘述。

1959 年中国历史博物馆新馆落成，从故宫午门与端门之间的东西朝房，迁到了天安门广场东侧。沈从文非常高兴，对新馆的前景以及自己的文物研究工作充满了期待，在给大哥的信中写道：

希望十个月后有个像样的研究室，有两万册书，二百一十万个文物图片，三十五个得力助手，扎扎实实来搞三几年，一定会突破纪录，把文物工作引到一个正常方向上来。

这年十月，故宫博物院织绣馆也对外开放了，这个馆的陈列设计、布展等许多环节，都凝聚着沈从文的大量心血。

沈从文在中国历史博物馆工作了近 30 年的时间，在 1966 年"文革"政治运动风暴到来之前，他已出版了多部文物史研究专著，如《中国丝绸图案》《龙凤艺术》（论文集）、《唐宋铜镜》《战国漆器》等学术著作，他还应人民文学出版社之邀，为即将出版的四卷本的《红楼梦》中的服饰、器物做注，发表重要文章《文史研究必须结合实物》，呼吁历史学者们研究历史不能完全依靠史料，还需要与文物相结合。沈从文作为文物学家，在中国文物研究的学术史上，留下了浓墨重彩的一笔。

12. 再次创作小说的失败

1949 年新中国成立以后，沈从文再也没有发表过小说，一直到他去世。但他确实在小说创作上进行过几次尝试。在华北人民革命大学期间，沈从文以一名炊事员为原型写了一个短篇小说《老同志》。他已经有意识地契合当时的文艺政策，仍没有成功。其子沈虎雏曾回忆说："父亲修改这篇小说，改了不止七稿，实际上没有人组织写这样的稿子，他只想找回用笔的能力，歌颂朴素的劳动者，但写得很吃力。"这篇小说辗转数家报纸杂志，没有一家愿意刊登的，无奈之下，沈从文不得不委曲求全，把稿子邮寄给好友丁玲："望为看看，如还好，可以用到什么小刊物上去，就为转去，不用我名字也好。"

1956 年的"百花齐放，百家争鸣"方针，形成了"早春天气"，一直延续到 1957 年的头几个月。按照中国作协的要求，沈从文提交了创作计划：大致有两个中篇的初步准备，一以安徽为背景，二以四川内江丘陵区糖房生产为背景。不过当时沈从文整天在历史博物馆工作，"大部分脑子中转的，只是一堆待进行未能好好进行的研究工作，和越来越多的一些坛坛罐罐，绸子缎子，花花朵朵问题，及将来如何转用到新的生产上问题。用头脑方法不是写小说的，即拿起笔来也难望写出什么像样的东西"。可见，在 1956 年"百花齐放，百家争鸣"方针下，沈从文是要重新开始创作小说的，但因为转入到历史文物研究中了，心思不在文学创作上，所以就没能重新创作。

1957 年 8 月，沈从文到青岛疗养和写作，刚去没几天，就完成了一个短篇小说，是"专以反对玩扑克为主题"的小说。但是张兆和对这个主题非常不看好。认为"即或不是在明辨大是大非运动中，发表这个作品，我觉得也还是要考虑考虑"。

很快，张兆和的话得到了应验，"反右"政治运动开始，报纸上不断刊出朋友故旧被打成右派的消息，沈从文虽然因没有"鸣放"幸免于难，但心中惶惶，如头悬利剑，他应该写什么？怎么写？巨变时代提倡的创作方法对他不适用，他的写作已经不能自如。他在给大哥的信中说："可惜的还是写短篇的能力，一失去，想找回来，不容易……人难成而易毁。"

1960 年，沈从文计划创作一部以张鼎和一家为原型的长篇小说，小说结构他想得非常清晰，写张鼎和如何参加革命、四处逃亡、流亡日本、回国抗战等。张鼎和是张兆和的堂兄，1925 年成为中共党员，1936 年被国民党抓捕，随即被处死。这年 4 月，沈从文在给哥哥的信中说到"主要是完成以张鼎和烈士事迹为题材的长篇小说写作。计划分三部分写，各十万字，分别写大地主家庭腐败、分解和大革命后种种"。但是他从年初到年尾，准备了 10 万字的材料，却还是不能成稿，谈及原因，张兆和说，框框太多，一碰到具体怎么写，他就不行了。

另一个困扰沈从文的，是他的衰老与健康。这一年中大部分时间他血压高达 200 毫米汞柱，成天头晕，牙齿也拔得只剩下 4 颗了。"坐到桌子边三小时以上，头即不免相当沉重，眼睛也朦朦胧胧"。沈从文自己还说"照例又是全个故事，老在脑子里盘旋，一章、一节、一行、一句也反复在回旋，只有这么整体在脑子中活动才会好……我因为比较笨，照习惯总是'老师上刀梯'一般，全副精力来解决。年纪轻还好办，到老来，就只有心而无力了，不易恢复当年工作方式，不免望洋兴叹了"。沈从文也谈到了他的顾忌：近来写小说不比过去，批评来自各方面，要求不一致，又常有变动，怕错误似乎是共同心理，这也是好些作家都不再写小说的原因。

总之，在新中国成立后已经转为文物研究的沈从文进行的这几次创作小说的尝试都夭折了，仅仅有一些少量的散文发表而已。如此才华横溢的著名作家放弃写小说，实在令人叹惜。但是，有句话说"上帝为你关上一扇门的同时，也会为你打开一扇窗"，我国虽少了一位写小说的作家，也为此多了一位文物研究学者，在中国古代文物研究上，沈从文取得了令世人瞩目的成就，这便是"失之东隅，收之桑榆"。

沈从文为何会在新中国成立以后几次要动笔写小说都失败了？笔者是三级心理咨询师，免不了要从心理学的角度去分析问题。

前面叙述过沈从文因为文学创作受到了郭沫若等人的批判，甚至接到威胁、恐吓信，因不堪忍受，有了一次自杀的经历。从中可以看出，沈从文的心理承受能力比较弱。沈从文在新中国成立以后，彻底转为文物研究工作，就是因为小说创作曾经被批判、被恐吓。而且在1953年时，他在开明书店出版的小说作品全部被销毁，这对沈从文更是一个沉重的打击。所以他彻底放弃了小说写作，转到文物研究领域。这是一种心理防御机制，以全身心地投入到文物研究上来的方式去隔离因小说创作带来的焦虑、恐惧、伤感的心理。他后来又动笔进行小说创作而没有成功的主要原因很有可能是心理因素。当他再次提笔写小说时，会本能地出现一种自我心理暗示，想到曾经因写小说而受到的批判、威胁等不幸遭遇。认为如果再次提笔写小说，也可能会出现以往的遭遇。这种心理上的不适导致了身体上的不适，他已经对创作小说产生了恐惧心理。笔者也可以找到这种观点的依据。沈从文曾经说过："我研究古董还不行，总没人攻击我了吧。"他口中提到的"攻击"就是曾因写小说受到的攻击。所以笔者认为，从心理学角度分析沈从文在新中国成立后几次提笔创作小说而失败的原因是可以成立的。

13. 在"文革"期间

"文革"初期，沈从文就被扣上"反动学术权威"的帽子，划入了"牛鬼蛇神"的队伍中，受到了冲击，随后成立的"沈从文专案组"，要清查沈从文的"罪行"，他被定性为"反共老手"。在中国历史博物馆，沈从文只能做扫厕所、拔草之类的工作。他的工资也被扣发了，每个月只能领取 36 元。

红卫兵几次到沈从文的家里抄家，在沈从文的家里看到了他的藏书以及他收藏的西洋古典音乐唱片，认为这些书和唱片是"有问题"的，唱片是"黄色唱片"。红卫兵找了英文老师来看过后没有发现什么问题，但红卫兵还是把沈从文收藏的唱片拿走了，又逼着沈从文专门腾出一个房间，把书都塞进去，封存起来。接着，中国历史博物馆的红卫兵也组织起来，对沈从文的家进行抄家。把认为有问题的书籍、文稿、书信等集中起来，将其封存，随后又交给"沈从文专案组"。据统计，从"文革"开始，到1968年8月，沈从文的家被红卫兵抄了有八次。据《沈从文年谱》记载，1966年9月15日，沈从文到历史博物馆接受批斗。"沈从文专案组"把他编写的《中国古代服饰资料》定性为宣扬"帝王将相""才子佳人"的"大毒草"。对沈从文的批斗会也只有这一次，是和批斗副馆长任行健、韩寿萱、陈列部主任王镜如一起开的，共用一个上午。曾经的助手范曾也开始了对沈从文的批评，他写了大字报，说沈从文"头上长脓包，烂透了。写黄色小说，开黄色舞会"。面对这些批判，沈从文极其痛苦。他曾对朋友悲苦地说："台湾说我是反动文人，共产党说我是反共老手，我是有家不能归，我往哪里去呢？"

沈从文既被定性为"反共老手"了，当然要做多次检查，不然是不能"过关"的。据统计，从1966年7月到1968年12月，两年半的时间，沈从文一共写了60多次自我检查。这里摘抄一段收录在《沈从文全集》里的"自我检查"：

提供不健康妇女病态形象供生产上应用的，计有：

1，北京市绢制人形生产合作社；

2，北京市工艺研究所象牙雕玉部门；

并且做出了"认错"：

这种种，都证明我是个封建文化的热心推广者，是个艺术上思想上的保皇派，越学得多，懂得多，犯下的罪行就越大。一切努力影响，只是想拉住青年往后瞧，走回头路。而不是照主席指示的向前看，迎着毛泽东思想光辉红太阳，创造社会主义所需要的东西。

……我的用意虽重在"古为今用"，但影响却很不好，我的错误是明明白白的。

1969年9月，在《人民文学》杂志社编辑部工作的张兆和同作家协会人员一起下放到湖北咸宁的五七干校。张兆和被下放走，沈从文非常悲观。他在给张宗和（张兆和的弟弟）的信中谈到，自己的年龄大了，高血压和心脏病又极为严重，随时可能出现意外，张兆和这一走，也不知道还能不能再见到了。11月底，沈从文也到了湖北咸宁五七干校，与张兆和被下放的地方相隔五六里地，因此夫妻二人不能时常见面。在下放期间，沈从文病情严重，出现过昏迷，甚至生活都无法自理，因此沈从文致信周恩来总理，提出要回北京治病的申请，很快就得到了批准。1972 年 2 月，沈从文在张兆和的陪同下回到了北京。张兆和安顿好沈从文后，又于 3 月 16 日返回湖北五七干校。8 月，张兆和办理了退休手续，并因为照顾沈从文的工作需要，才得以返回北京。

1975 年，有人见到沈从文身处窘境，建议他写信给毛泽东的夫人江青，请求江青的帮助。因为沈从文在青岛大学任教期间，江青是青岛大学的图书管理员，还旁听过沈从文的课，就是江青本人也承认自己是沈从文的学生。当沈从文听到这个建议时，他的反应是严词拒绝。从中也可以看出沈从文的倔强一面。

虽然身处动乱之中，但是沈从文从未放弃对文物的研究，仍然念念不忘他的那本《中国古代服饰研究》。因为在"文革"时期，是根本没有出版希望的，许多人劝他不要这样傻干了，但他不为所动。根据沈从文的学生黄能馥、陈娟娟回忆，在"文革"中，因为吃了很多苦，也没有资料，所以就想放弃对文物的研究。沈从文听说自己的学生要放弃研究文物，显得非常悲伤，所以就把他们二人叫了过去，他们看到沈从文躺在床上，精神很不好，似乎要哭的样子。他说："眼光看远一点，这些事你们不做谁做？"沈从文无论经历了多少苦难与困境，对文物的研究是绝对不能放弃的。

14.1976 年的沈从文

1976 年的中国，是人们悲喜交加的一年。这一年，先后失去了三位国家领导人，唐山又发生了里氏 7.8 级巨大地震，24 万人丧生。10 月，中共中央采取措施，将"四人帮"集团粉碎，长达十年之久的"文化大革命"就此结束，中国人民迎来了春天。这一年，沈从文的身心波动也较大。

这年的 1 月 8 日，国家总理周恩来病逝，终年 78 岁。沈从文受邀参加了周总理遗体告别仪式。此时的沈从文心情是非常复杂的，一来周总理是他编撰《中国古代服饰资料》一书的坚定支持者，周总理的去世，就失去了一位他工作的支持者。二来是因为周总理没有等到《中国古代服饰资料》面世的那一天，所以面对周总理的遗体，沈从文的心情是悲痛的。或者说，他的一个精神支柱倒塌了。他的悲痛心情导致了"眼睛及心脏均感不适"[①]。沈从文参加完周恩来总理遗体告别仪式回来后，一个叫王亚蓉的助手去看望了他。后来王亚蓉撰写《沈从文小记》一文回忆了当时看他的情形：

一进屋，看到沈老忽然显得十分憔悴和衰老，过分的悲痛

---

① 吴世勇：《沈从文年谱》，天津人民出版社 2006 年版，第 546 页。

使他因眼底充血而双眼朦胧，他陷于巨大的悲恸之中了。他忘不掉总理一次次的亲切接见和鼓励，他为国家和民族的命运而忧心，更为《中国古代服饰研究》未能奉献于总理生前而抱憾。对总理的怀念，成了他工作的又一种动力。"一定得尽力搞好，不然对不住总理。"这是他鞭策自己并且鼓励我们的常用语。

所以，他对《中国古代服饰资料》的编撰有了一种紧迫感。

7月28日凌晨3时42分，中国河北省唐山市丰南一带发生了强度里氏7.8级巨大地震，地震持续约23秒，造成24万余人死亡。唐山大地震波及了京津地区，沈从文一家六口（还有两个孙女）躲避到小羊宜宾胡同，亲友们担心沈从文与张兆和长期居住在抗震棚中，影响到身体健康，因此建议他们到苏州暂避。8月3日早晨，沈从文夫妇决定接受亲友们的建议，暂时到苏州躲避。并于当日下午15点买到火车票，19点30分，乘坐火车离开北京，并于次日18点抵达苏州。沈从文开始了在苏州为期半年的避灾生活。

因为苏州距离上海不过110公里，沈从文就利用在苏州居住期间，于9月底到上海探望巴金、王辛迪等朋友，巴金还特意送给了沈从文一批书。从上海返回苏州后，沈从文就多次提出要返回北京。亲友们多次对沈从文进行劝阻，说北京的防震警戒还没有解除，还时有小震发生，还是先不要回到北京。他甚至想把张兆和扔在苏州，一个人返回北京。有好几次临上火车，因新的震情发生，才不得不听从劝阻而留下来。就这样，熬过了秋天和冬天，于次年 2 月 15 日全家回到了北京。

15.《中国古代服饰研究》

《中国古代服饰研究》是沈从文先生的名作，顾名思义，是研究我国古人服装的一部图书。而沈从文先生则可称为"研究古代服饰第一人"。此书在编撰期间以《中国古代服饰资料》为书名，出版后改名为《中国古代服饰研究》。下面，笔者就把《中国古代服饰研究》一书的创作过程及其内容向读者介绍。

从 1960 年开始，沈从文就准备编写一部中国服装史，他给哥哥的信中说到自己"近日正在草拟个服装史的计划"，这是沈从文第一次谈及自己要写服装史。他也多次呼吁编印服装图录，一直进行着服饰资料的收集工作。但是沈从文的这一想法并没有受到历史博物馆领导的重视。

1963 年冬，周恩来总理在接见文化部领导时说道："我陪同国宾看戏，发现历史题材的戏装很乱，跟历史情况不符。我自己出国访问，见到很多国家有服装博物馆，有服装史，但是我们中国没有。"并且问道："现在中国有没有人在研究？能不能编印一本历代服装图录来？可以作为送给国宾的礼物。"

文化部副部长齐燕铭回答说："沈从文在研究中国服装史。"

由于周恩来总理的提议，沈从文多次呼吁的编撰"中国服饰史"的计划终于在1963年底由历史博物馆正式立项了。沈从文非常高兴，又借此机会提出了要编著多卷本的《中国服饰史》的计划。1964年"中国服饰史"的编撰工作全面展开了，美术组的陈大章、范曾等人给沈从文做助手，临摹绘画作品，当年即完成了第一个试点本的编写、绘画。至6月底，完成了20万字的文稿，200幅图片，书名为《中国古代服饰资料》，给沈从文写序的，就是为了政治需要而写文章批判沈从文的，时任中国科学院院长郭沫若，该序文共200余字。根据沈从文长子沈龙朱回忆说："郭沫若给沈从文写序，大概是周恩来的意思。"值得一提的是，在郭沫若的序言中，没有一处写到"沈从文"三个字，所以郭沫若是"奉命"而作，应该是没有疑问的。从中也可以看出沈从文与郭沫若的隔阂。

7月1日，沈从文写了"题记"。4日，《中国古代服饰资料》全部书稿交给了出版社。当时这部《中国古代服饰资料》是计划作为新中国成立十五周年献礼的书，随即政治环境出现了变化，大部分"帝王将相"的图书都做了修改，甚至改得面目全非了。因此，《中国古代服饰资料》的付印就搁置了下来。很快就发生了"文化大革命"，《中国古代服饰资料》被定性为宣扬"帝王将相""才子佳人"的"大毒草"。所以在"文革"十年期间是不能出版发行的。此书虽然不能公开出版，但是沈从文对古代服饰的研究一直没有放弃过，他私下继续对该书进行增补。因为处于"文革"时期，有关资料及工具书都已散失，沈从文就全凭记忆，把储存在脑中的丝织、漆、铜、玉、花花朵朵、坛坛罐罐等文物知识，组织起来，增补到书中。"文革"后期，博物馆的领导一度要求沈从文将《中国古代服饰资料》由20万字压缩到5万字。"文革"结束以后，中国的文化界迎来了春天。1978年3月，伴随着国家的命运的改变，沈从文也迎来了人生一个新的春天。中国社会科学院的新任院长胡乔木将沈从文的人事关系从历史博物馆调入中国社会科学院，调入时的职称为副研究员。4月，沈从文正式进入中国社会科学院历史研究所工作，职称晋升为研究员。随着职位的变动，沈从文的工作条件和居住环境都有所改善。调到中国社会科学院历史研究所任研究员以后，胡乔木就给沈从文配备了一名助手，成立了一个专门的研究室，目的是为了让沈从文全身心地投入到《中国古代服饰资料》的编撰工作中。5月，他给胡乔木写了一封信，对这次的工作调动表达了感激之情。随后，胡乔木又在中国社科院的宿舍给沈从文拨了一套两间半的房子，由他们夫妇二人居住，还给配备了汽车和司机。9月，沈从文再次致信胡乔木，提出了两点要求，一是希望调整住房，有个大点的工作室以便开展工作；二是提出有关助手的问题。沈从文的要求很快得到了满足。10 月 6 日开始，研究所在北京西郊友谊宾馆为沈从文租用了两个大套间工作室，在新任助手的协助下，为《中国古代服饰资料》做最后定稿。1979 年 1 月，《中国古代服饰资料》全部整理完成，字数已增加到 25 万字，图片 700 幅，并更名为《中国古代服饰研究》。沈从文将此书稿交给北京轻工业出版社，该社要与日本合作出版此书，而沈从文坚决不同意，随后该社又未按照原计划出版此书，沈从文只好将此书稿撤回，又转交人民美术出版社。而人民美术出版社也要与日本合作出版此书，沈从文一气之下将书稿再次撤回。当时确实有很多国外的出版商听闻《中国古代服饰研究》要出版，纷纷来到北京与沈从文洽谈，表示愿意以很高的稿酬出版，但是都被沈从文拒绝了。沈从文为什么拒绝此书在国外出版呢？沈从文在给中国社科院副院长梅益的信中曾说道："我不能将书交给外国人去印，文物是国家的，有损国格的事我不做。"由此可以看出沈从文的民族气节！

1980 年 1 月，沈从文将此书稿交给了中国社会科学院科研局。中国社科院科研局决定把此书稿交给商务印书馆香港分馆。总编辑李祖泽特意从香港飞往北京，与沈从文商谈出版细节。4 月，沈从文为即将出版的《中国古代服饰研究》撰写了长篇后记。

然而到 5 月 1 日定稿时，沈从文却做了极大压缩，简要叙述成书经过。之前郭沫若为本书写的序言也收录其中，书名则由著名古文字学家、书法家商承祚题写。1981 年 9 月，香港商务印书馆正式出版了此书，署名为"沈从文 编著"，共计 700 余页。

香港商务印书馆的陈万雄亲往北京沈从文家中送了样书，沈从文看到自己历经二十年的心血终于有了结果，无比欣喜，感慨万分。书出版后，时任中共中央书记处书记的胡乔木给沈从文写了贺信，信中对此书做了高度的评价"幸获此鸿篇巨制，实为对我国学术界一大贡献"。此书不仅在国内产生了重大影响，也在国际上产生了重大影响。此书在香港刚出版，日本就立即购买下了此书的版权。随后，欧洲也以英、法、德等文字翻译出版。该书又以国礼之尊成为我国领导人出访时赠予外国元首的礼物，先后被赠予过日本天皇、美国总统、英国女王等。现在很多古装影视剧都是按照这本书的描述制作的戏服。因此可以说，

《中国古代服饰研究》封面

《中国古代服饰研究》是沈从文最负盛名的作品。

因沈从文和郭沫若在台湾属于被禁的作者，所以《中国古代服饰研究》在台湾便以盗版的方式印刷发行。台湾的盗版中没有署上沈从文的名字，郭沫若的序言也被删掉。

书中上自旧石器时代，下至清代，对我国古代服饰制度和服饰工艺进行了广泛的探究，提出了许多个人独到的见解。穿缀了中国历代朝野的政治、军事、经济、文化、民俗、哲学、伦理等诸多风云变迁之印迹。资料绵密，图附丰厚，十分宝贵。近来，也有学者评论此书是"中国古代服饰研究的开山之作""专门研究中国民族服饰史的开山之作"。所以称沈从文是"研究古代服饰第一人"绝非言过其实。

16. 冷对"沈从文热"

随着《中国古代服饰研究》于1981年公开出版，沈从文像"出土文物"一样，再次引起世人瞩目，在国内外掀起了一场"沈从文热"。

众所周知，此番热度，《中国古代服饰研究》只是一个由头。人们争相关注沈从文，主要视角还是集中在他前半生的文学创作成就上。

1980年，美国重印了三十多年前出版的沈从文作品集《中国土地》，其中收入《柏子》《灯》《丈夫》《会明》《三三》《月下小景》《三个男人和一个女人》等作品，当然也少不了沈从文经典代表作《边城》。美国耶鲁大学出版社出版的夏志清著《中国现代小说史》还对沈从文做专章介绍，更重要的是，书中论述沈从文的篇幅与鲁迅基本持平，沈从文被评价为"是中国现代文学中最伟大的印象主义者"。世界名校哈佛大学的一名博士生因写了一本关于沈从文的研究专著而获得博士学位。

日本翻译出版的《中国现代文学》第五卷中，收入沈从文的《边城》《丈夫》《夫妇》《灯》《会明》等中短篇小说。

德国出版了由吴乐素翻译的《边城》及沈从文部分短篇小说。

法国著名汉学家、巴黎东方语言文化学院中文系主任于儒伯教授向学生推荐四本中国文化必读书，其中三本是中国古代经典作品，一本是沈从文的小说集。法国有的大学把沈从文的书列为必修课。

在中国港澳地区，沈从文的文化影响也在增强。司马长风所著《中国新文学史》1978年在香港出版，将沈从文置于中国现代文学大家地位。当很多港澳读者知悉沈从文健在，竞相抢购沈从文著作。

短短两三年时间里，美国、日本、法国、德国的中国文学研究学者们纷纷造访湘西，试图近距离了解那块曾滋养沈从文并给予他创作灵感的神秘土地，追寻沈从文的足迹。

诗人荒芜在 1978 年夏天写了五首七言绝句送给沈从文，与老友进行心灵共勉。第一首即直指主题："边城山色碧罗裙，小翠清歌处处闻。我论文章尊'五四'，至今心折沈从文。"荒芜满怀深情地对每首诗都加了小注，一并拿给了沈从文。

荒芜的这五首诗中既有对沈从文的文学与书法创作以及文物研究工作的由衷赞美，也有对沈从文的生活和住房的关心挂念，还有对沈从文当选为全国第四次文代会代表的由衷祝贺。

事有凑巧，适逢一位美国华侨报纸的女记者前来造访沈从文，在沈从文的桌案上看到这几首诗的手稿，执意要抄录一份带回美国发表。当时，沈从文对以往的境遇还心有余悸，连忙阻拦这位女记者。

几天后，沈从文提笔给荒芜写信，言辞恳切地叮嘱荒芜不要将这几首诗公开发表。沈从文在信中写道：

三十年来，只近于单门独户开个小小的服务店，把时间送走。回想一下，既对不起国家的期许，也对不起个人生命。年来在国内外得来的赞许，实已超过应得的甚多。懔于孔子所谓"血气既衰，戒之在得"的名训，一切赞许不免转成一种不祥的负担。所以如果还来得及，最好不发，或可免招摇之讥，事实上我觉得从其他工作上所得的好意赞许也早已超过应得的甚多。

名不副实，转增忧惧。世事倏忽多变，持平守常，在人事的风风雨雨中，或可少些麻烦。

最终，荒芜的这五首诗在一年多以后的 1979 年 10 月 4 日于《文汇报》上发表，影响不小。不知是荒芜违背了沈从文心意，还是另有其他缘故。

从沈从文给荒芜的信中，不难看出沈从文面对当时已经悄然升温的"沈从文热"，开始了冷静的思考。

而外界对沈从文，却因为荒芜这几首诗的公开发表而更加关注。1978 年开始，有关沈从文的访问报道开始见诸报端，重点着眼点还是沈从文的文学成就。颇有影响力的文学刊物、广州《花城》杂志在 1980 年第五期重磅推介沈从文，一期发表了三篇有关沈从文的文章，分别是朱光潜的《从沈从文先生的人格看他的文艺风格》、黄苗子的《生命之火长明》，以及沈从文表侄黄永玉所写《太阳下的风景——沈从文与我》，在当时引起一定社会反响。

沉寂三十多年的沈从文著作《边城》《从文自传》得以重新出版，新编的沈从文散文选也已问世。1982 年，十二卷本的《沈从文文集》由香港三联书店和广州花城出版社同时出版。国内研究沈从文文学作品的论文也经常能见诸报刊。

在这种氛围中，1980 年 2 月下旬，傅汉思约同耶鲁中国小说史教授高辛勇，中国历史教授余英时、美术馆东方艺术部主任倪密，联名正式邀请沈从文赴美讲学。在美中学术交流委员会赞助经费下，沈从文的工作单位中国社会科学院批准沈从文以著名作家和文物研究家双重身份赴美国访问并讲学。

1980年10月26日，沈从文出席了在北京举行的"中美史学交流会"开幕式。次日，沈从文偕夫人张兆和乘机离京，到达上海，在上海转机抵达东京，又在东京换上前往美国纽约的飞机。这是沈从文夫妇第一次走出国门。28日晚上9点（美国时间为27日晚7点）到达了纽约肯尼迪机场，沈从文和夫人张兆和正式踏上美国土地。张充和、傅汉思夫妇二人到机场接机（张充和是张兆和的胞妹，1948年11月与北大西语系教授傅汉思结婚，傅是德裔美国籍犹太人。1949年1月，张充和与傅汉思赴美定居）。

沈从文受到美国文化界的热烈欢迎。在美国东部很有影响的刊物出版了欢迎沈从文访美的专号，哥伦比亚大学贴出的海报上直言不讳称沈从文为"中国当代最伟大的在世作家"。美国多家新闻媒体及时跟进报道沈从文在美动态。

沈从文在美国停留的三个多月时间里，先后在耶鲁大学、哥伦比亚大学、圣约翰大学、哈佛大学、乔治·华盛顿大学、普林斯顿大学、芝加哥大学、斯坦福大学、伯克利大学加州分校、旧金山州立大学、夏威夷大学等15所大学做了23次演讲，所讲的内容涉及中国 20 世纪 20 年代的文学概况、中国文物史、《中国古代服饰研究》一书的内容以及自己从文学创作转为文物研究的过程等。傅汉思多次担任沈从文的演讲主持及翻译。

听过他演讲的人普遍称赞他的话语包含了丰富的内容和哲理，使人回味无穷。张兆和的四妹张充和这样评价阔别三十余年的"沈二哥"："沈二哥一上台，第一不看稿子，第二全是在谈话。谈话同读稿子自有差别……"

沈从文此行，了却了他早在 1944 年就向胡适提出的"有机会到美国看看"的这桩心愿。

然而，在度过了三十余年的寂寞生活后，沈从文在逐渐升温的"沈从文热"中，一直保持着冷静的思索。他极力回避谈自己的过往经历，相反，用积极乐观的心态回应外界对自己苦难经历的关切。在美国演讲时，沈从文也多次表示自己很能适应环境，他说道："在近三十年社会变动过程中，外面总有传说我有段时间很委屈，很沮丧；我现在站在这里谈笑，那些曾经为我担心的好朋友，可以不用再担心！我活得很健康，这可不能够作假的！"

在美国期间，一位来自中国台湾地区的作家在座谈时有意问沈从文："你是否相信命运？"沈从文回答说："我不相信命运，却相信时间，时间可以克服一切。"

沈从文对自身热度的冷峻态度不无道理。他担心的事情还是频频发生了。在美国旧金山东风书店主办的读者见面会上，时值主办方举办"白先勇作品周"。国民党名将白崇禧之子白先勇得知沈从文来到旧金山，特意前来拜望沈从文，并和沈从文一同与读者们见面。白先勇致辞说："沈从文是我最崇敬的一位中国作家……沈从文的作品不仅影响了我，也间接地影响了我的学生。"

巧合的是，就在沈从文于旧金山东风书店与读者见面时，突然接到一份由中国驻美国大使馆转来的电报，电报的内容是对沈从文在美期间讲学的辛苦表示慰问，电报署名是中国社会科学院主要领导。实际上事情的起因是：此前沈从文在美国东部访问时，有一位台湾地区报纸的记者在提问时邀请沈从文去台湾，被沈从文拒绝了，沈从文当时说："我在台湾没有亲戚，那里也没有我做的事，我没有这样的打算。"可是，沈从文的回答却被台湾记者歪曲，以另一种口吻在台湾地区的报纸上发表了，并且很快上了大陆的"内参"，以致中国社会科学院领导特意发来电报。

沈从文与张兆和商量，取消事先原定的从美国乘飞机造访香港的计划，尽管当时商务印书馆香港分馆已经排出《中国古代服饰研究》一书的清样，沈从文的香港之行也已经获得单位批准。

在"沈从文热"来临之际，也伴随着一些非议的声音。沈从文淡然面对，他知道，一定会有人给这种热度"泼冷水"。1980 年，《诗刊》发表了丁玲的一篇纪念胡也频的文章，文中不知何故指责沈从文为"市侩"的"胆小鬼"，很显然是成见未消。接着，南方的一位著名散文家在《羊城晚报》发表文章称"沈从文热"是"海外的某种政治气候造成的"。连朱光潜为沈从文作品选集《凤凰》所写的序言也被有些人指责为"精神污染"，以致朱先生本人在北大内部对此做了检讨。

后来《凤凰》一书公开出版时，虽然保留了朱光潜所作的序，却删除了其中颇有见地的几段文字，其中有：

对从文不满的也大有人在，有人是出于私人恩怨，那可"卑之无甚高论"。

据我所接触到的世界文学情报，目前全世界得到公认的中国新文学家也只有从文和老舍。

在"沈从文热"面前，沈从文保持着冷静，甚至是忧虑。他对研究他的学者凌宇感言："过于誉美，易增物忌，虚名过实，必致灾星。"

1982 年 5 月，沈从文夫妇在黄永玉夫妇的陪伴下，回到了湘西故里，来找寻他特有的乡愁记忆，延续他六十多年解不开的湘西情结。他也很想以这种方式，让自己的心灵得到释放，在"沈从文热"的盛名之下重拾湘西多情山水赋予的童真。

17. 沈从文的晚年

1979 年 12 月，中国社科院给沈从文分配了一套新宿舍。其地址就是笔者在本书"第二部分"于善浦口述回忆录《我和沈从文的交往》中收录的沈从文写给于善浦先生的信件中提到的"住处和新侨饭店紧隔壁，一切公共交通工具，均应在'崇文门站'下车""住处

晚年的沈从文

计十六层楼，我住五层七号"。面积 36 平方米，小三居室。对于这套房子，沈从文还是不太满意的，不想要的，但是他最终还是接受了这套房子，在 1980 年的 5 月搬了进去。

1981 年，上海电影制片厂根据沈从文的小说《边城》改编电影《翠翠》的剧本在《芙蓉》杂志（1981 年第 3 期）上发表了，准备进行拍摄。对于改编的内容，沈从文是非常不满意的，他致信说，如果电影剧本必须加些原作根本没有的矛盾才能通过，我私意认为不如放弃的好。加上原书并没有什么"阶级矛盾"和"斗争"，肯定是不会得到成功的。上海电影制片厂也没有放弃，

给沈从文邮寄了两次改编费，都被他退回了，断然拒绝其拍摄。他说，我不能容忍自己的作品被胡乱庸俗化。从中也可以看出，当时的一些影视剧也在向"政治需要"靠拢。

1981 年 9 月《中国古代服饰研究》在香港地区出版。1982 年初，沈从文又对此书进行了修订，增加一百幅左右彩图，他希望能在祖国大陆出版发行。他说："这部书的真正读者，应在国内。"但是这部书何时能在国内出版？他本人也是不抱有信心的。

1982 年 9 月，是中日两国友好建交 10 周年。27 日，沈从文参加了由王震率领的访日代表团，赴日本东京参加"中日邦交正常化十周年庆祝"活动，这是沈从文第二次踏出国门。此次沈从文的日本之行是两周的时间，他在日期间，同日本研究中国现代文学的学者及翻译他小说的翻译家进行了会见交谈。并接受《日本与中国》杂志编辑部的采访。《沈从文全集》里收录了这次的访谈内容。他还参观了日本的东京博物馆、果园、农场、大都寺名胜等，并于 10 月 12 日返回北京。

这一年，广州的花城出版社与香港三联书店联合出版了《沈从文文集》，共计 12 卷，得版税 9700 多元。沈从文同张兆和商量了一下，决定凑够 10000 元钱，捐赠给自己读过书的家乡的小学。当年 12 月 6 日，沈从文写信给凤凰文昌阁小学校长，把钱捐赠给了自己的母校，作为扩建校舍之用。而且沈从文还在信中嘱咐："不要在任何报刊上宣传。"校领导决定建造一座图书馆，命名为"从文藏书楼"。藏书楼建造好后，请沈从文题字。沈从文在回复的信中表示，不能以自己的名字命名，这与他的希望完全不同，就叫"藏书楼"吧！因此，他只题写了"藏书楼"三个字。

1983 年 1 月，香港商务印书馆的人员来到北京，与沈从文商议要在香港和内地分别出版《中国古代服饰研究》的增订本，早在一年前沈从文就有这个想法了，也开始了增订工作。这个消息让沈从文非常高兴。然而到了 3 月初，沈从文患脑中风，出现脑血栓前兆，"口呈抽风像，说话机能失灵"。4 月，又患脑出血，不得不住进首都医院，住院治疗两个月。沈从文患病以后，因为无法继续进行研究工作，对《中国古代服饰研究》一书的增订工作只得由他的助手进行。10 月，由沈从文口授，他的助手王予撰写了《中国古代服饰研究》的《再版后记》。但是由于种种原因，非常遗憾，沈从文生前并未看到《中国古代服饰研究》的再版。

1983 年这一年，北京电影制片厂根据沈从文的小说《边城》拍摄了同名电影，沈从文先是对剧本提出了意见，而后又在家中会见了导演及部分人员，对拍摄的问题也提出了意见，摄制组并对沈从文进行了拍摄，这就是电影《边城》中的第一个镜头。这一年，沈从文又成为了诺贝尔文学奖的候选人，是瑞典的著名汉学家、斯德哥尔摩大学教授马悦然（诺贝尔文学奖终身评委之一，研究中国传统文化，2019 年 10 月 17 日病故，享年 95 岁）向瑞典皇家文学院提名的。这足以说明，沈从文的文学成就，受到了全世界的认可。

1984 年春季，电视连续剧《红楼梦》开拍，他与曹禺、周汝昌等人一起被聘请为该剧的顾问。10 月，电影《边城》拍摄完成，并且很快就上映了，沈从文对此还是非常满意的，认为电影中的"翠翠"与他笔下的"翠翠"非常相似，对其满意程度远远超过了当年香港拍摄的电影《翠翠》。1984 年 11 月 20 日，沈从文因基底动脉供血不足，入住中日友好医院接受治疗，于次年 2 月 16 日结束治疗出院。

1985 年 6 月 29 日，中共中央组织部发文中国社会科学院，将沈从文定级为正部级研究员，享受正部级的待遇。次年初，中国社科院按照正部级的待遇给沈从文分配了一套新房子，有五个房间。地址是在"崇文门东大街 22 号楼（张新颖《沈从文的前半生》、吴世勇《沈从文年谱》所记为 22 号；《沈从文家事》引沈龙朱回忆为 2 号）601 室"。1986 年初夏，沈从文搬进了新家。

沈从文的家虽然宽敞了，但是他已经无法在这个宽敞的家里继续写作、搞研究了，因为他的健康状况已经是急转直下了，事事都需要张兆和的照料，沈的生命已经进入了倒计时。1986

年和1987年沈从文两次因肺炎住院治疗。1988年5月10日下午，沈从文正在家中会见黄庐隐（1898年出生，原名黄淑仪，"庐隐"为笔名，著名女作家，出版文学作品有《曼丽》《地上的乐园》等。1934年因难产、大出血、高烧去世）的女儿时，在事先没有征兆的情况下突发心脏病。沈从文知道逃不过此劫了，便说了一句："我不行了。"还在清醒的时候，沈从文握着张兆和的手说："三姐，我对不起你。"这是他一生中说的最后一句话。晚20点30分，沈从文与世长辞，享年86岁。

18. 一生的创作

沈从文一生创作了1000万字的著作文章，结集约有80多部，是现代作家中成书最多的一个。《边城》《长河》《从文自传》是他的代表作。他的晚年专著《中国古代服饰研究》，填补了中国服饰文化史上的一页空白。

1987年、1988年，沈从文两次进入诺贝尔文学奖候选人的终审名单，而沈从文在现代文学史上的"文学大师"地位，直到二十世纪七八十年代才得以确认。"沈从文的重要文学贡献是用小说、散文，建造起他特异的'湘西世界'……这里没有尖锐的阶级斗争的图画，沈从文不具有那样的政治意识，他只用看似轻淡的笔墨，点出令人心灵颤抖的故事，他的目标仅仅专注于那些历经艰难而又能倔强地生存下去的底层人民的本性。"在评价沈从文时，《中国现代文学三十年》如是说。

沈从文的小说创作分为三个阶段：早期作品创作于二十世纪二十年代，主要作品有《蜜柑》《篁君日记》《阿丽思中国游记》等；沈从文的小说创作中期在二十世纪三十年代，这是他的创作高峰期，作品风格成熟，主要作品有《边城》《长河》《龙朱》《虎雏》《阿黑小史》《八骏图》《如蕤集》等。其中《长河》第一部的文稿大部分在1938年8月至11月间的香港《星岛日报·星座》副刊上连载。后遭长期审查扣留，经大量删削后才得以发表。沈从文的晚期小说作品创作于二十世纪四十年代，主要篇目有《虹桥》《雨晴》等。

沈从文的主要散文集有《湘行书简》《湘行散记》和《湘西》。著名传记有《从文自传》《记胡也频》《记丁玲》。

沈从文的杂文和诗歌作品也很丰富，从二十世纪二十年代到八十年代，都有作品问世，但在这两方面的文学造诣不如小说和散文。其余文论、书信等著述颇丰，经常被集结成集。

沈从文的后半生转行研究"中国文化史"，除《中国古代服饰研究》外，还有《龙凤艺术》《镜子史话》《文物研究资料草目》等著作。

19. 赤子其人

在湖南凤凰老家的沈从文墓上，反面有其妻妹张充和给他写的敬诔，正面则刻有沈从文自己的话：

正面：照我思索，能理解我，照我思索，能认识人。

反面：不折不从，亦慈亦让，星斗其文，赤子其人。

张充和早年有这样一段回忆："晚饭后，大家围在炭火盆旁，他不慌不忙，随编随讲。讲怎样猎野猪，讲船只怎样在激流中下滩，形容旷野，形容树林。谈到鸟，便学各种不同的啼唤，学狼嗥，似乎更拿手。有时站起来转个圈子，手舞足蹈，像戏迷票友在台上不肯下台。可我们这群中小学生习惯是早睡觉的，我迷迷糊糊中忽然听一个男人叫：'四妹，四妹！'因为我同胞中从没有一个哥哥，惊醒了一看，原来是才第二次来访的客人。"

沈从文有着浓厚的湘西情结。称其为赤子，首先说他与生俱来即是湘西赤子。沈从文一生创作的经典作品大多取材于湘西，浸透着湘西泥土的芬芳，饱含着湘西人性的真实。湘西的山，湘西的水，湘西的凤凰城，湘西的风土人情，赋予了沈从文无尽的创作灵感，他也用一生的文学生命尽情地守护着湘西，回馈着湘西那片滋养他的土地。

沈从文在用心记录他所感受到的湘西人本质上的淳朴忠厚，

他永生都试图留住湘西人那份有些野性的率真，并将其与大都市里人心的复杂浮躁相对照。

沈从文二十岁刚从湘西闯到北平时，举目无亲。这个只读过小学的人，连标点符号都不会用，就想用手中一支笔打出一个天下来。当时，肚子里没有一点东西可以"消化消化"。冬天屋里生不起火，用被子围起来，坚持不停地写。他常常写得流鼻血，"有时夜间写作，竟致晕倒，伏在自己的一摊鼻血里，第二天才被人发现。"

他写东西从来不是一挥而就，"他曾把一篇小说一条一条地裁开，用不同方法组织，看看哪一种形式更为合适。沈先生爱改自己的文章。他的原稿，一改再改，天头地脚页边，都是修改的字迹，蜘蛛网似的，这里牵出一条，那里牵出一条。"有一个时期，他每个月都要发表几篇小说，每年都要出几本书，被称为"多产作家"。

这样一个酷爱写作的"天才小说家"，20年后著作等身，却不得不在清晨捧个烤白薯暖手，坐在天安门外的石墩子上，看天上的残月疏星，等待天明，彼时，他是历史博物馆的一名普通解说员，在静等开门。在历史博物馆，他饱受排挤，他好意告诉同事如果研究玉，他可以帮忙，对方说这是"有意毒害他"；他劝说一个党员多读书，馆长斥责他"使用糖衣炮弹"。

大多数时候，沈从文选择沉默，他一头钻进文物研究中，一转身，成为国内顶级历史学者和考古专家。

不少人为沈从文转行感到惋惜，但很难说这不是他必然的选择。钱钟书曾这样评价他："从文这个人，你不要以为他总是温文尔雅。骨子里很硬。不想干的事，你强迫他试试！"

抗战时，沈从文被选为湖南省议员，他一笑拒之。1958年，中宣部副部长周扬在一次宴会上宣布让沈从文担任北京市文联主席，他当场回绝。1966年"文革"初期，江青曾试图借当年师生关系与沈从文套近乎，这在很多人看来是躲避政治冲击的机会，沈从文却尽力避免与江青接触。1982年，上海电影制片厂决定将他的小说《边城》改编成电影《翠翠》，因为对方随意添加子虚乌有的"阶级斗争"内容，沈从文拒绝合作。20世纪80年代，"沈从文热"悄然兴起。沈从文却在与朋友、学生的通信中，反复强调"极希望少在报刊上见到姓名"。

这些言行表明，或许沈从文果真如他自己所说是个"乡下人"："这乡下人真如所说笨得诚实，不管什么事，凡是他责任上的，都做得很好。不在自己责任内，但当时需要他帮忙的，也无有不竭力帮忙。总之一切都照他所信仰的做好人努力，吃点苦头满不在乎。"

青年时代，不善言辞的沈从文四处奔走，营救胡也频。20

世纪 80 年代，昔日好友丁玲写文大骂沈从文，沈从文很是不解，当有人问他时，他淡淡地说："让她骂骂我，也不要紧。"巴金是沈从文一生挚友，早年巴金造访，沈从文会把房间让给巴金，自己到院子里去写作。"文革"期间，巴金落难，人们唯恐避之不及，沈从文仍写信问候。沈从文去世后，巴金写了万字长文《怀念从文》，其中提到他意外找到 1944 年写给沈从文的信，里面说："前两个月我和家宝（曹禺）常见面，我们谈起你，觉得在朋友中待人最好、最热心帮忙的人只有你，至少你是第一个。"

不仅是对好友，对其他人沈从文也抱有一颗赤子之心。他自奉甚薄，在西南联大时，"总是一件洗得褪了色的蓝布长衫，夹着一摞书，匆匆忙忙地走。"吃的也很清淡，"总是到对面米线铺吃一碗一角三分钱的米线。有时加一个西红柿，打一个鸡蛋，超不过两角五分。"但是，他又出手"阔绰"。西南联大好几位助教、研究生结婚时都收到过沈先生送的雍正青花的茶杯或酒杯。他曾搜集了一阵"耿马漆盒"。客人到沈家，临走时大都能带走一个。沈从文平生搜集的文物，在他生前全都分别捐给了几个博物馆、工艺美术院校和工艺美术工厂，连收条都不要一个。

很多人回忆沈从文，都提到他感情丰富。他大多数时候是笑眯眯的，"到了晚年，喜欢放声大笑，笑得合不拢嘴，且摆动双手作势，真像一个孩子。只有看破一切人事乘除，得失荣辱，全置度外，心地明净无渣滓的人，才能这样畅快地大笑。"除了笑，沈从文也爱流眼泪，他曾说："我一哭了，便心中十分温柔。"得到郁达夫的帮助时，他哭过；得不到张兆和爱的回应时，他哭过；日本终于投降了，他流泪；终于听到家乡戏了，他流泪。下放湖北前，沈从文掏出一封皱巴巴的信，对张允和说"这是三姐给我的第一封信"，说完"吸溜吸溜地哭起来，快七十岁的老头儿哭得像个小孩子又伤心又快乐"。1985 年，某杂志社采访沈从文，聊起"文革"，沈从文说："在'文革'中我最大的功劳是扫厕所，特别是女厕所，我打扫得可干净了。"采访者中一个女孩子，走过去拥着老人的肩膀说："沈老，您真是受苦受委屈了！"谁都没想到，83 岁的沈从文忽然抱着她的胳膊，号啕大哭，哭得像个饱受委屈的孩子。

和沈从文生活了一辈子的张兆和，在沈从文走了之后，有了深刻的"懂得"："他不是完人，却是个稀有的善良的人。"

20. 身后之事

沈从文去世的三日后，中国台湾的《中国时报》刊登了瑞典汉学家马悦然撰写的悼念文章《中国人，你可认得沈从文？》。5 月 18 日，在八宝山举行了沈从文的遗体告别仪式。沈从文的挚友，中国作协主席巴金先生派女儿到北京敬献花圈，代向遗体告别。1992 年 5 月，张兆和及其全家带着沈从文的骨灰到了湖南凤凰。沈从文骨灰被一分为二，一半撒入凤凰古城的沱江，另一半则埋入土中。

就在沈从文去世前后这个时间段里，他已经进入了诺贝尔文学奖评选的最终名单。但是此刻却传来了沈从文去世的消息，马悦然通过大使馆确认了这个消息。按照诺贝尔奖不颁给已故人士的惯例，沈从文的作品参选程序被取消。那么，如果沈从文可以多活一段时间，他是否可以成为中国第一个诺贝尔文学奖得主呢？

中瑞友好协会主席倪尔思曾说过："很多瑞典人认为，如果他还在世，肯定是 1988 年诺贝尔文学奖的强有力候选人。"香港《明报月刊》在 2000 年第 10 期刊登了马悦然撰写的《中国的"诺贝尔文学奖"候选人》一文。可以说，马悦然给了一个比较确定的答案：

作为瑞典文学院的院士，我必对时间尚未超过五十年之久的有关事项守口如瓶。但是我对沈从文的钦佩和对他的回忆的深切尊敬促使我打破了严守秘密的规矩。沈从文曾被多个地区的专家学者提名为这个奖的候选人。他的名字被选入了一九八七年的候选人名单，一九八八年他再度进入当年的终审名单。学院中有强大力量支持他的候选人资格。我个人确信，一九八八年如果他不离世，他将在十月获得这项奖。

假如沈从文的生命可以延长半年，他或许真的就是中国第一位诺贝尔文学奖的获得者。当然，历史是不能假设的。但是，沈从文的文学成就得到了全世界的认可。正如朱光潜先生所说："据我接触到的世界文学情报，全世界得到公认的中国新文学家也只有沈从文与老舍。"

1992年，沈从文生前一直期盼的《中国古代服饰研究》的增订本终于在香港商务印书馆再版了。遗憾的是，沈从文再也看不到了。

沈从文去世后，张兆和致力于整理出版他的遗作。1995年，张兆和整理出版了《从文家书》，在后记里，张兆和表现出了对沈从文的懊悔：

从文同我相处，这一生，究竟是幸福还是不幸？得不到回答。我不理解他，不完全理解他。后来逐渐有了些理解，但是，真正懂得他的为人，懂得他一生承受的重压，是在整理编选他遗稿的现在。过去不知道的，现在知道了；过去不明白的，现在明白了。

……

太晚了！为什么在他有生之年，不能发掘他，理解他，从各方面去帮助他，反而有那么多的矛盾得不到解决！悔之晚矣。

张兆和不懂丈夫心中所埋藏的苦闷，在沈从文去世以后，作为妻子的张兆和才开始真正懂得、理解自己的丈夫。张兆和伴随沈从文的一生，有些时候她不仅不懂自己丈夫的内心，而且对于丈夫的创作，张兆和也是不懂的。张兆和是做编辑工作的，对于丈夫写的文学作品，张兆和总是要给修改一下，但是有研究沈从文的学者指出，张兆和所修改的，并不是沈从文想要表达的原意。

1992 年，张兆和与北岳文艺出版社合作，开始了《沈从文全集》的编辑出版工作。到 2002 年 12 月，即沈从文百年诞辰之际，《沈从文全集》出全，共计 32 卷，1000 多万字。其中有 400 多万字是之前没有公开发表出版过的。《沈从文全集》出版了，张兆和的使命似乎也完成了。2003 年 2 月 16 日，张兆和在北京协和医院与世长辞，享年 93 岁。

最后再来说一说沈从文的两个儿子沈龙朱与沈虎雏的情况。

长子沈龙朱生于 1934 年 11 月，1957 年被划为右派，1979 年右派问题得到纠正，后来任北京理工大学电子厂副厂长、高级工程师。

次子沈虎雏生于 1937 年 5 月，曾任北京第一机床厂技术员，长征机床厂工程师。1980 年调入北京轻工业学院（今北京工商学院）从事教学及教育研究工作。曾先后讲授机械设计、制造等课程，职称副教授，1998 年退休。2021 年 1 月 1 日病故。

2015 年 9 月 25 日，沈龙朱与沈虎雏共同出席了在美国哈佛大学举办的"沈从文与现代中国"国际学术研讨会，谈及参与编撰《沈从文全集》的艰辛过程。《沈从文全集》的出版留下的不仅仅是沈从文生前的文字，更是一种沈从文精神，沈从文精神是永存于世的！

参考书目：

[1]张兆和.我从来不感到孤独：张兆和致沈从文[M].北京：天地出版社，2020.

[2]岳南.南渡北归[M].长沙：湖南文艺出版社，2011.

[3]傅晓红.沈从文[M].北京：中国青年出版社，2012.

[4]杨雪舞.沈从文和他身边的人[M].太原：北岳文艺出版社，2012.

下篇：我和沈从文的交往

于善浦口述、提供资料；范鹏飞撰写、整理

　　本篇是由沈从文的学生、原清东陵文物管理处于善浦先生提供资料、口述，范鹏飞撰写的。主要讲述了于善浦先生同沈从文的交往过程。1955 年于善浦大学专科毕业后，被分配到北京故宫博物院工作，师从沈从文先生。于善浦先生在北京故宫博物院工作了两年多，这两年多与沈从文多有交往。1958 年于善浦先生到"北大荒"劳动锻炼，21 年后回到了北京。于善浦先生回到北京后，与沈从文书信往来，并到沈从文家里拜访，二人的来往一直到 1988 年沈从文先生病逝为止。关于沈从文写给于善浦的书信手稿，这里也是首次公开。于善浦先生于 2022 年 12 月 29 日与世长辞。谨以此书同样纪念于善浦先生。

于善浦（1932.10.8—2022.12.29），唐山遵化人。原清东陵文物管理处副主任。主要著作有：《清东陵大观》《珍妃》《光绪皇帝的珍妃》《清代帝后的归宿》《东陵盗宝记》《清东陵拾遗》《福寿园中的海上名人》《清东陵》《乾隆皇帝的香妃》等，发表文章 70 余篇。

沈从文先生年长我 30 岁，我与沈从文先生是在北京故宫相识的，那一年是 1956 年。从我与沈从文先生相识，到他去世，一共是 32 年的时间。这中间有 21 年的时间是断了联系的，我和沈从文真正交往的时间只有 11 年。2019 年 5 月底，我到了沈阳，这已经是我多次回沈阳了，范鹏飞和我见了面。他对我提出，希望我把和沈从文先生交往的点点滴滴回忆出来，他来做记录，想让世人看到一个不为人知的沈从文。说实话，因为时隔太久了，我已到了望九之年，很多事情已经记不起来了，回忆起来也很费劲，但有些事情，也确实是终身难忘的。因此我还是答应了范鹏飞，尽可能去多回忆一些事情。

——于善浦

2019 年 5 月 25 日，摄于沈阳太原街，
这天首次提出了撰写于善浦回忆录的问题

1. 简述我个人的经历

1932 年重阳节，我出生于辽宁省铁岭市西丰县。1938 年，我随母亲来到了黑龙江省齐齐哈尔市，我在齐齐哈尔的"三育国民学校"读书。1942 年小学毕业，考进"先农国民优级学校"（相当于高小）读书。因为当时正处于日本统治的伪满洲国时期，所以校长是日本人。在这所学校期间，我学习了日语。而且还要用日语背出"国民训"，如果背不出，老师就要打手板。

短短两年时间，我就从"先农国民优级学校"毕业了。毕业后我又进入"第一国民高等学校"，仅一年后，日本投降，此时我才知道自己是中国人，之前一直认为自己是"满洲国国民"，所以我十分痛恨日本人的愚民政策。中华人民共和国成立后的1950年，我才正式读了高中，齐齐哈尔市第一座省立高中学校。1952年，我考入沈阳的东北美术专科学校（今沈阳鲁迅美术学院），所在的是图案系。1955年我从东北美术专科学校毕业了，被分配到北京故宫博物院工作。

1958年到1979年这21年的时间，是我在"北大荒"农场劳动锻炼期。1979年初，我回到了北京。当年5月，我被分配到清东陵工作，开始了对于清朝的历史研究。从1983年开始，我在清东陵先后接待了邓小平、彭真、李瑞环、钱其琛、华国锋、万里、杨尚昆等党和国家领导人。1992年是我退休的年龄，这年正赶上职称的评定，我幸运地被评定为文博研究员。随着退休，政协副主席职务、河北省政协委员也都推掉。达到了一身轻松、全心投入学术研究工作中去的境界。先后出版了《光绪皇帝的珍妃》《乾隆皇帝的香妃》《清代帝后的归宿》《清东陵拾遗》《清东陵》，并在香港地区出版《福寿园中的海上名人》四册共计32万字。

说起我和沈从文先生的交往，就要从我大学毕业后，进入北京故宫博物院工作开始。

2. 我到北京故宫工作

1955 年，我从东北美术专科学校（今沈阳鲁迅美术学院）毕业，被分配到北京故宫博物院工作。当年 9 月 28 日，我到达了北京前门火车站。我是第一次到北京，两眼分不清方向，从前门领取行李处取出行李之后，顺衣兜里掏出分配工作的信件，依照上面的地址，向路人打听故宫在哪里？只见那人用手一指"出门向北走，一会儿就到了"。我雇了一辆平板车，把行李放在车上，我也跨上车，坐在行李旁边。那车夫说："您坐好！"车子在不太宽敞的路上就飞跑起来，我看到左边一溜红墙，右边树空里露出一些洋房。好一阵子，在红墙尽头才看到广场和天安门，这就是电影里所见到的天安门，好气派。1949 年就是在天安门上举行的开国大典啊！我看到了天安门，太幸福了。车夫上身穿着汗水浸透的白布坎肩。额头上的汗珠不停地滚下来。当车子转进南池子，路两边的槐树枝叶，搭起了一溜凉棚。树上不时地掉下黄色的种子来。车不停地跑着，阳光穿过树顶的空隙，洒向车夫背上，花花点点的影子，时隐时现，变幻无穷。车走了一程，车夫把车向左一拐，他回头告诉我："故宫到了。"我下车，走向一座高大门楼前的警卫室，出示介绍信。门卫看了看说："这里是东华门，故宫博物院得在景山进北门。"车夫又掉转方向，继续回到有槐树荫的路向北走，车走了一会儿，开始左转弯，我看到了一座角楼，下面连着一道城墙，再向右看一座山，山顶上还有几个亭子。车继续向前行。车夫回头告诉我："前面就到了。"我在景山公园对面下了车，进大门（北上门）时，门卫讲："还得往里走。"我看到高高的灰色城墙中间，耸立着一座高大的城楼，在城楼下的三座圆洞门的上方有"故宫博物院"五个"颜体"大字，落款是李煜瀛。我终于到了故宫博物院。我提着行李，进了城楼下的中门（神武门），警卫指点我去办公室得向右拐，在高高的城墙下有一长排矮矮的灰瓦房，前面建有不高的院墙，进入第一个月亮门，是个不大的院落，院里向西又是一个月亮门。办公室是古老的房屋，木格窗户中间镶块玻璃，周边的小木格上，糊着高丽纸，跟东北乡下人家的窗户一模一样。

在院办公室报到后，我被分配到陈列部，是在同一溜房檐下，房间也是同样的模式。陈列部的办公室不算大，人可不少。里间是铜器组；外间是工艺组。隔壁是陈列部主任唐兰先生（浙江嘉兴人，1901 年出生。著名历史学家、古文字学家，师从王国维。1952 年调入故宫博物院，曾先后任设计员、研究员、学术委员会主任、陈列部主任、美术史部主任、副院长等职，出版著作有《古文字学导论》《中国文字学》等，1979 年病故）

和秘书的办公室。两个屋子之间还有相通的门，找主任办事倒很方便。

安排给我的住处是十三排，是在故宫高高的城墙和里面的红墙之间的房屋。出了办公室的院墙角门，顺着红墙根一直向东走，到了最东头，顺着红墙与城墙根儿之间的夹缝再向南走，一排排房屋和小院就是我们的单身宿舍。听说当年是给来皇宫里唱戏的戏班临时落脚的住处，统称为"十三排"。我的住处是靠南端的区域，叫"南十三排"。听说清朝灭亡后，这里荒废了几十年，积满尘土，就连屋顶上，都长了许多大树。1949年，接管故宫以后，往外清理积土时，用大卡车拉了很长时间，才露出了现今的面貌。因为宿舍里住的人不多，每次走在红墙拐弯的夹缝道路上，特别是晚间，总感到有些阴森恐怖。再说那宿舍，在廊檐下，室内都没有阳光。冬天生煤球炉子，怕煤气熏了人，每个房间必须在窗户上留一个通风口，装上个方形的纸糊风斗，好使空气流通。我睡觉的床，是两条长板凳，搭一副床板。记得我刚住进"南十三排"靠西边第一间屋时，那张铺板的缝隙里，全是臭虫。我只好把铺板搬到外面的墙边，靠墙侧立着，用铁丝往外挑臭虫，老员工看到后，颇有经验地告诉我，要用开水烫，我便用暖水壶从水房里打回了开水，往铺板缝里浇，怎奈臭虫太多，一时半时也弄不干净。最后还是有热心人帮我，让我找行政部门给换了一块新铺板。这才能够安稳地睡觉了。

锻炼身体是每天必须坚持的科目，尽管是冬季，我早起只穿一件运动跨栏背心和一条腰系松紧带的运动裤，进行绕城跑步锻炼。从神武门出去，再出北上门，从景山前街向西，经景山西街、景山后街、景山东街，再回景山前街，进北上门、神武门，回到宿舍已是汗流浃背，再擦个身，着实精神百倍。

我们故宫与北京园林单位属于同一个管理部门，凭别在胸前的故宫胸章，当时是一个圆章，可以自由出入北京的各园林单位，所以早起我也经常到故宫对门的景山公园去登山锻炼身体，在山巅最高的万春亭，南望晨霭中金光闪烁的宫殿，无比恢宏壮观；北眺，中轴线上的钟鼓楼，延伸到朦胧的城郭；西傍北海的湖光塔影；东依高低错落的市井民居，好一派历经几代的京都风光。朝代更换，不断改变京城的景物，元朝为了从风水上压下金朝的气势，拆除了金朝的宫殿，挖掘北海的泥土，堆土造山，取山名万岁山，也称镇山。顺治十二年（1655 年）改万岁山为景山，乾隆年间在山顶建五座形态各异的峰亭，亭内供奉着五方佛，1900 年八国联军入侵时，抢走了四尊铜佛，只剩了万春亭内一尊"毗卢遮那佛"了。

每到春季，清晨可以从神武门旁的蹬道，登上故宫紫禁城的城墙，向东踏青走向角楼，顺手采撷一把墙角向阳地面上野生的苣荬菜，午饭时可以尝尝鲜。还有筒状的地黄花，是一种中药材，它的生命力可真强，在砖缝里，借助雨水和阳光，毛茸茸的茎端，也开出朵朵仰着笑脸的花。行进在连续不断的雉堞空间处，居高临下，移步易景，忽隐忽现的古老市井，好似一幅幅神秘的图画，令人赏心悦目。

公共食堂设在我们办公室最西端，在临近西角楼的食堂里用餐。那里的饭菜很可口。最好吃的菜就是"狮子头"。而"鲥鱼"是最贵的菜。食堂东边是小礼堂，这是全院职工开会的会场，也是员工娱乐和工会放电影的地方。

陈列部办公室内的铜器组有：马子云、张广泉、陈英武、罗福颐、王海文、张克忠、于善浦。宫廷组有：崔玉堂、郑珉中、朱家溍、金禹民、金震、李忠诚、许彦涛、方国锦、许忠陵、杨臣彬、李辉炳、王子奇。雕塑组有：步连生、林素金、葛季芳。陈列部东侧的美工组有：杨志敏、梁德英、张何恩、申伶达。在外部的绘画组研究室有：徐邦达、徐琴久、天秀、郑国、穆益勤、高虹。陶瓷组研究室有：陈万里、冯先铭。

刚进陈列部，开始我在铜器组，担任实习研究员。陈列部主任唐兰先生兼铜器组的组长。但是他很少和我们一道工作。实际每天我是跟着马子云先生下库房，为院藏青铜器登记、拍照、编目。后来因为陈列部办公室人多太拥挤，院部决定让铜器组人员搬到御花园东北角的"摛藻堂"办公。这里原是存放《四库全书》的地方，门前有水池和亭子，西边紧挨着用石头堆砌的"堆秀山"，在假石山上有一座"御景亭"。每天早晨上班，可顺着石级上山，居高临下，可以看到上班的人群进入御花园的情景。在"摛藻堂"内办公，光线太暗，进门两旁就是高大的黑色的书格子，迎面是一座比人还高的自鸣钟，时不时从八音盒里发出叮咚的响声。关于青铜器研究的许多基础知识，我都是从马子云先生那里学来的。他很耐心地教我认识每件铜器，描述器形、花纹和识别文字。尽管冬季库房里很冷，保管部的阎宝明爬上爬下，在高大的立柜里取出和放回一件件铜器，我也帮忙接送铜器。照相室的童先生、史守义不厌其烦地选择好的角度，在一个特制的弧形背景板上，挂上不起褶子的黑色、灰色"凡尔丁"衬布，选择最佳角度拍摄照片。每天大家总是乐呵呵地完成着一天的工作。我白天学到了许多铜器的名称，有：鼎、簋、鬲、甗、盉、匜、尊、爵、觚等器物，还有那些器物上装饰的饕餮、蟠螭、夔龙、夔凤等花纹，器物上铸造的"祖丁""子子孙孙永宝用"等文字都是马子云先生教我认识的。每天晚上回到宿舍，我就认真地记学习心得笔记和画出各种器物的图形。当照相室冲洗完照片，我便开始填写编目卡片。为了提高业务水平，我去找唐兰先生，请他为我开一个书单。我经常到御花园里的千秋亭西面的临时借阅室去借书。当时大多数书籍是居云棣经手办理的。在这个小小的借阅室里，却有几位上年纪的老姑娘。一位叫刘士元、一位叫沈令容，听说她们都是大学生，外语特别好，她们每天都在为院部翻译资料。

图书馆资料室的居云棣，是居正的女儿，我后来才知道沈令容是沈尹默的女儿。居云棣平时工作积极，每次我选定的图书，不管多厚、多重，她都从图书馆经过很远的路，提到御花园的借阅室，供我们学习和工作用。

当时在铜器组，我借出的书有：《商周彝器通考》《海外吉金图录》《邺中片羽》《浑源彝器》《西清古鉴》等。后来业务逐步提高，对商周、春秋战国的铜器有了初步鉴定的能力。在我离开故宫 20 年之后，1979 年，我在故宫铜器组里，还看到王文昶手里在翻着当年我下库房时登记的红格本子"底账"，也看到了当年我经手编目的"卡片"，真是物是人非事事休，心头另是一番滋味啊。马子云先生的"传拓"技艺是一绝。他说："再好的照相机拍出来的碑文照片都变形，用'传拓'所拓再大的碑文一点也不变形，这一招，令外国人佩服得五体投地。"他又给我看了商代"后母戊鼎"拓片的照片。这是他十分得意的作品。这是采用"实拓"与"虚拓"相结合，才能达到的效果。

尽管马子云当时工作积极认真，可是在故宫博物院内是没有什么地位的。"文化大革命"结束以后，他才焕发了青春，他到各地讲学，一生的学术研究成果和高超的"传拓"技艺，才得到了传播和发扬。

1956年故宫博物院来了一批高中生，陈列部新来了一位杨伯达副主任。院领导让我当这批高中生的辅导员。这十多个学生有：陈娟娟、王莉英、叶佩兰、张亚男、曹文漪、杨玲、谢慧贞、刘士隽、张世云、王育茂、张丽英、高淑兰、杨玉珍、张泽、张金英、李金英。我先向他们介绍故宫概况，又带他们到路线内各展览馆参观讲解和学习。经过十多天的短期培训之后，就把他们分配到各部门去工作了。陈娟娟、张丽英分配到织绣组工作；王莉英、杨玲、叶佩兰到陶瓷组工作；张世云、曹文漪、高淑兰、王育茂到宫廷组工作；张泽、李金英到铜器组工作；杨玉珍、张金英到修复组工作；张亚男分配到群工部工作。后来，这批学员走的走，亡的亡，留在故宫工作的只有：陈娟娟、王莉英、叶佩兰、张亚男、曹文漪、杨玲、张世云、张金英8人了。他们在各个部门都做出了显著成绩，陈娟娟是织绣专家。王莉英、叶佩兰是陶瓷专家。张金英是裱画大师。

1956年院部同意我从铜器组调到位于神武门内东侧大明堂的织绣组去工作，开始发挥我所学的专业知识，研究中国古代织绣。组长魏松卿是部队转业干部，李濂锴（李杏南）老先生常来指导业务，李濂锴老先生曾出版一本《织绣小品》，内容较丰富。他孤身一人住在东华门以北，护城河边的宿舍。我常去看望他。听说他是五四运动时期，思想比较开明的知识分子，每天骑着自行车，生活很时尚。只是眼下年事已高，不愿谈起往事。谈到工作，总是发出几声"哈"，以不冷不热的感叹词来与人们交往，和人们相处总是保持一定的距离，令人琢磨不透。

故宫博物院的群众业余文艺活动比较丰富，像陈列部员工季中锐，他的京剧演唱，在北京就享有盛名，他的唱段曾在莫斯科电台播送过。我们单位的京剧票友，经常参加北京市的业余演出，一次春节前，在煤炭设计院礼堂演出京剧《三不愿意》，演县官的史守义，犯了抽风病，口吐白沫不能上场演出，救场如救火，我自告奋勇，参加演出。临出发前，认真地看了剧本，心里有了数。当晚到达演出的礼堂，很多演员都不相识，那些业余票友，一招就到，连台词都没对一遍，就赶忙化妆。有人给我抹上三花脸，穿上官袍，开场锣鼓一响，我就登场了。开场白我说："恩命授良乡，良乡好地方，柴米油盐贱，鸡肥酒也香……"进入审讯赖婚的崔华那场戏时，刚刚审到二不愿意，崔华和八儿的台词就乱了，把我这个县官弄得头脑里一片空白，无言答对了，台下观众直叫"倒好"，我更加手足无措，更加冷场了。后台里还是有明白人，他大声提示，"老爷退堂""老爷退堂"。我突然猛醒，当即把惊堂木一敲，厉声喊出："老爷退堂！"在台下一片喧嚣声中，落下了帷幕。一出闹剧就这样收场了。从此接受教训，我再也不参加业余演出了。

3. 我和沈从文在故宫工作

2005 年，故宫博物院的郑欣淼院长为纪念故宫博物院成立 80 周年，写了一篇文章，名叫《沈从文与故宫博物院》，谈沈从文在故宫的时间弄不清，那些当年在故宫织绣组工作的人员都已相继去世，对沈从文在故宫所做的事情就更不清楚了。而我是亲眼见证了沈从文在故宫工作的情况。

那是 1956 年，当时的院长吴仲超先生为了给故宫博物院的文物研究输入新鲜血液，决定大批引进"外援"，当时有唐兰、徐邦达、沈士远、罗福颐、孙瀛洲等文博界学术骨干调入故宫，沈从文先生就在吴院长的这批调入名单中，故宫神武门内东侧大明堂原织绣组就有他的办公桌。

当时沈从文先生已经是著名的文物学家，还是中国历史博物馆研究员。他在文物研究方面兴趣广泛，对玉工艺、陶瓷、漆器及螺钿工艺等多个领域均有涉及。但用力最勤、成就最为突出的还是对织绣服饰的研究。他自 20 世纪 50 年代初期即开始研究中国古代锦缎、刺绣、染缬工艺的历史。随着时间的推移，研究视野也渐渐从关注织绣品纹样扩展到工艺纹样史，从研究织绣品扩展到服装及整个服饰制度的广泛领域，实可说是业界泰斗。但由于沈先生不愿意，因此这次"外援"引进计划中，他的工作关系并未调入故宫博物院。但沈先生与故宫博物院的缘分并未因此而终结。为了加强织绣研究组的力量，同时也提高研究水平，在吴仲超院长的不断努力下，最终邀请他兼任故宫博物院织绣研究组的顾问和业务指导。正因为如此，我有幸和沈先生相处了一年多。在这段宝贵的时间里，沈先生的工作生活作风、为人处世的态度和独特的人格魅力给我留下了十分深刻的印象。期间，他受到了故宫领导和职工以及我们这些"晚辈弟子"的尊重与支持，不仅取得了显著的研究成果，而且为故宫织绣馆的建立以及人才的培养付出了大量的心血，做出了突出的贡献。沈从文先生初到故宫时已54岁了。我至今还清楚地记得第一次见到沈从文先生的情形（根据笔者在《沈从文的一生》中的阐述，沈从文到故宫的时间极有可能是在1957年初）。

记得那是一个初冬的时节，北京的天气已经颇冷，先生头戴半旧的皮帽，身着一件黑布面皮领的大衣，戴着一副眼镜，慈祥的面庞上，总是带着平易近人的笑容。

当时历史博物馆大楼尚未建设，馆址是在故宫午门外的东、西庑的大联房里。平日里上班，沈先生常常徒步走进午门，经故宫来到织绣研究组上班，有时也从他家的东堂子胡同，搭乘公共汽车到故宫北门（神武门），再步行到办公室上班。

沈从文先生为了帮助我们这些在织绣研究组的年轻人更好地学习，尽快提高业务知识水平，可以说是竭尽所能。他不但经常把自己的藏书带进故宫里来。还在《碎金》《鸡肋篇》《齐东野语》《天水冰山录》等古籍上，用红笔圈点、断句，来帮助大家学习。当时供我们研究的实物不多，为了将所学织绣知识与实际联系起来，先生还把珍藏多年的"佛经的锦缎封皮"及"织绣小品"带来，供大家研究。除了认真教授业务知识外，沈先生还毫无保留地介绍经验，指导学习方法，讲解学习心得体会，告诉我们多读哪些书会增加织绣方面的知识。比如：了解明代织绣情况，一般可读《大明会要》《明会典》《天水冰山录》《碎金》《金瓶梅》；具体织绣服装样式、花纹、色彩，可看《三才图会》《帝后图像》。另外，通过《郑和下西洋》《琉球大宝实录》可了解三十多个国家之间输出、输入二三百种织物的名目。了解清代的织绣情况可读《红楼梦》等。等我们的理论水平上了一个台阶后，再将文献中所载的织物名目与故宫所藏几万经面的锦缎织物进行比较，用这种方法来研究明代织绣，则可理出一个大概的轮廓，起到事半功倍的效果。

故宫陈列部的织绣组，曾一度在御花园内的"养性斋"办公，沈从文先生便利用这个大好时机带领我们到织绣库房，看清宫中库存的织绣品，不光要看，还要边看边评。当时，成箱的花绦子、"八团补子"，成卷的锦、缎、纱、罗等织物，各种成衣、衣料，名贵的孔雀裘，富贵华丽的靠垫、"引手"，织绣、缂丝的插屏，让我们这些刚入行不久的新人目不暇接。尤其是刺绣、缂丝的精品册页和大型的织成的"极乐世界"图，令人叹为观止。我们既感叹我国古代劳动人民的智慧，也惊诧于皇家的奢华。

在这期间，我有好几次跟着沈从文先生去前门、珠市口一带的估衣铺鉴定织绣品。这对我来说是十分难得的学习实践机会，我非常珍惜。也让我见识到了沈先生丰富的学识和超群的鉴别能力。

有一次，他带我来到前门大街东珠市口的一家店铺里，掌柜的拿出一件古旧的刺绣"麻姑献寿"请我们看，沈先生让我先鉴定。当时我只有 24 岁，只在故宫看过许多宫廷织绣品，而对民间织绣品则了解甚少，谈不上有什么鉴定能力，一下子就被蒙住了。当时我心里既紧张又难为情，心想第一次跟先生出来做鉴定就说不出年代、辨不明真伪，先生八成要责怪我了。谁知沈先生见我说不出年代，辨不出真伪，只是微微一笑。他指着那件绣品，对店铺掌柜说："这是民国年间仿制的'麻姑献寿'，而且是人工做的'旧'。"掌柜见沈先生识破了这件伪造的绣品，连忙赔着笑说："先生好眼力，这件确实是仿制品，我们这行当，给织绣作旧的方法很多，有用茶水煮的，有在土中埋的，处理之后的织绣，可冒充古货，卖出一笔好价钱，这些都瞒不了您老的眼力啊。"

岂止是店铺掌柜佩服沈从文先生的眼力，就连我这个在他身旁耳濡目染了许多时日的"学生"，也是从内心深处对先生的学识和鉴别能力既感且佩。当然，更加让我佩服的是他对我们的亲和力与教导时的循循善诱。当时这家店铺里还存有不少从故宫内流散出去的黄缎靠垫和"引手"等绣品，其中有缂丝、织锦、刺绣等。沈从文先生又让我鉴定这些织物的年代，还在为刚才的"出丑"耿耿于怀的我一听这话顿时兴奋起来，心想太好了，所学的本事总算有了用武之地。把平日下库房鉴定靠垫、"引手"的年代及织物特点所积累的知识全用上了。对老板拿出来的东西一一进行品鉴，指出其特点和所属年代。听了我所鉴定织物的结果，沈先生眯缝着眼，抿着嘴，点点头，露出了满意的笑容。一旁的掌柜也跟着点点头，表示我说得八九不离十。

1957年2月在天坛公园举办了"北京市出土文物展览"，其中有1955年4月北京市文物调查研究组在展宽西长安街马路工程中，清理出的双塔庆寿寺，海云可奄和尚塔墓的古物。为了让我们开阔眼界、拓展知识面，沈从文先生抓住这难得的机会，带领我们织绣研究组的一帮年轻人去参观。在这批文物中，有一件包海云和尚骨灰的宋代绣花的方绸包袱（60.5厘米见方）。沈先生向我们介绍，这件刺绣具有典型的北方民间刺绣色彩。在中间的八角菱花中，绣有云龙戏珠，四角绣有"香花供养"四个金字。周边刺绣的缠枝花有：菊花、芙蓉、蜀葵、牡丹、莲花、海棠、牵牛、梅花。沈先生一边介绍一边讲解，不仅解释了图案的含义，还给我们一一介绍了绣花中的各种针法，如叶子用铺针钉线，花梗用辫子股，花蕊用打籽，尖状叶及龙爪用鸡毛针，竹叶及菱形边、龙毛用擞和针，龙鳞用刻鳞，珠子用反抢，四角的"香花供养"四字用片金钉线。沈先生说："这多种针法之中，最别致的是铺针钉线，是京绣中的独特针法。"先生不仅专业知识扎实，学识更是渊博，讲解起来信手拈来，旁征博引、滔滔不绝，我们听得津津有味。

在海云和尚墓中，还出土了白色花绫帽子、补花罗帽、斜纹花绸等织物。其中还有一件最使沈先生注目的，就是"缂丝紫汤荷花"。沈先生指着缂丝紫汤荷花水面上游荡的白鹅说，这是属于定州的宋代织物，它与东北博物馆所藏"紫鸾鹊谱"的风格相同。这次参观又让我们织绣组的年轻人学到了许多新的知识。

　　1957 年 3 月下旬，沈从文先生带我去珠市口"德信成"商号看织绣品，店铺掌柜介绍我们去西交民巷 115 号，让我们去看那里将要出口和未允许出口的古代织绣品。其中有四扇广绣鸟兽挂屏比较精致，给我们留下了很深的印象。这四扇广绣屏风上的画面，各有名目，分别称作"太师少师""三阳开泰""英雄得路""爵禄封侯"。第一幅绣有"太师少师"题目，旁边另绣有"秋云针绣于荷香院"小字，还有"延""年"两方小印，书画为两狮戏球，另一大狮绣球，在山石上绣有月季、玉兰花及蝴蝶，天空中还绣有飞燕。太师、少师都是古代官职名称，狮与师谐音，狮子除有官位寓意，另有避邪、吉祥之意。第二幅绣有"三阳开泰"题目，旁边另绣有"女史潘秋云针于群芳圃"小字，还有"吉祥"小印。书画中河边上绣有三只羊，还绣有杏花、小雀及长尾绶带鸟，天空中绣有流云与红日。三阳取《周易》中的泰卦，即取三个"九"字的三爻。九是阳数，三个阳数相连为吉祥之兆，三羊与三阳谐音，开泰即开运之意。其红日、杏花、绶带鸟，以及"吉祥印"，均为长春吉祥之寓意。第三幅绣有"英雄得路"题目，旁边绣有"仿新罗山人用意，绣于玩月亭，秋云针"。山石上站有一熊猫，回首注目飞舞的双蝶。天空中飞翔着鸢雀，苍松枝顶站立一只雄鹰，居高临下，松枝上还落着三只仙鹤。新罗山人名华嵒，字秋岳，是清代著名画家。画上鹰（英）熊（雄）及所居位置谐音为"英雄得路"，取其吉祥之意。第四幅绣有"爵禄封侯"题目，旁边绣有"抚唐解元笔意，绣于杏香小榭，秋云针"，画面上绣两只带角的鹿，旁边桃树上绣两只猴，还有四只飞向蜂窝的马蜂，最上首两只喜鹊飞舞。

唐解元就是世人所熟悉的唐伯虎，本名叫作唐寅，字"伯虎"，一字"子畏"，号"六如居士"，为明代著名的才子，善于绘画。绣品上的字是取其笔意作画的意思。角鹿与"爵禄"谐音，蜂、猴与"封侯"谐音，取其封侯加官晋爵之喜。这四扇屏均为潘秋云绣制，针法运用自如，只可惜缎地因年久糟朽，破裂不堪，店铺掌柜为了销售这四条挂屏，在原缎地后面加了一层薄绸，再用粗糙的网绣来补救画地，不想这样一来反而弄巧成拙，使整体效果受到极大的影响。

沈从文先生鉴别之后说："四扇屏的画意好，刺绣精，只是那加工的网绣，使原作大大减色。"掌柜见老相识沈先生在摇头，赶忙又拿出几十条清代的绣花袖子。这又引起了沈先生极大的兴趣。这些内容丰富的袖子，在故宫内是非常少见的，沈先生在众多的花鸟、人物绣花袖子中挑出一件精品说："这是百子图。"只见那件二尺多长、七寸宽的袖子上，绣有上百个嬉戏的童子，活泼可爱。沈先生说："这件珍贵的民间刺绣不应该出口，应该留下来，供国内展览。"掌柜很尊重先生的意见，把"百子图"单独收藏起来。直到我们走出店铺，沈先生还一再讲潘秋云绣的四扇屏的画意、绣工都好，只是补绣的网绣太令人遗憾了。可见老先生对这些"国宝"的深爱。

1957年9月17日，在故宫博物院的保和殿举办了"中国古代织绣展览"，展出宋、明、清三代的刺绣。经过大半年的筹备，这次从借调、选择展品到正式陈列，甚至讲解、说明等各个工作环节，都凝聚着沈从文先生的大量心血。这是新中国成立以来首次举办的中国古代织绣展览，对这样一次难得的展示中国古代织绣精品、传承织绣文化的机会，沈从文先生十分重视且珍惜，展览《前言》由先生亲自撰写，短短800余字的篇幅，每字每句均经过他细细斟酌、慎重推敲而成，可见其对这次活动的用心之深。现把沈从文先生撰写的展览《前言》抄录于下：

我国的养蚕织丝起源极早，主要贡献是劳动妇女。殷代已能织有花纹绸子，周代更为进步，贵族衣服、屏帐、旗帜，多织绣鸟兽之物，用壮观瞻。襄邑（今河南）出美锦，齐鲁（今山东）产罗、纨、绮、缟和精美刺绣，已著名全国。汉代，齐设三服官，首都长安有东、西织室，年费钱数千万。高级锦绣价格，均比普通绢帛贵二十五倍。生产既有重要经济价值，工艺水平也日益提高。当时俗谚有"刺绣文不如倚市门"语，可见社会有广大市场，商人得利远过工人。政府每年有大量锦绣运往西北，还远输海外波斯、罗马，对世界做出极大贡献。中外文化交流，首先就是祖国劳动妇女在这部门生产上卓越成就。锦绣图案，古有十二章，用于帝王服饰，其他做花鸟水云，也由来已久，还不断有发展变化。汉、晋以来，又反映神话、宗教题材，晋人即用真珠和彩丝绣大佛像。唐代起，始绣佛经。唐、宋以来，又由于写生花鸟画流行，部分刺绣因之发展成纯粹观赏艺术品。明、清两代，应用刺绣需要广大，从事生产者，人数之多，历史上即少见。由于地区不同，发展了各种不同技法和风格。缂丝本出于汉代织成锦，用通经断纬小梭织法做成，北宋以河北定州生产著名，西域回鹘金绮工人也擅长此技术。南宋以来，江南苏、杭、嘉、湖，制作特别精美，还出了几位高手名家。明、清绣有顾氏露香园绣、京绣、苏绣、广绣、川绣、湘绣、各地民间绣，特别是兄弟民族刺绣格外发达，成就丰富多彩。主题图案除常见花鸟、蜂蝶，还有用西厢记、红楼梦等小说故事和潇湘八景、西湖十景做衣裙装饰的。至于王母宴瑶池、八仙庆寿、罗汉、观音、百子图，更是人们所熟悉的题材。宫廷特种刺绣，宋、明以来，政府有文绣院、绣作局，清有如意馆，设计出样特别华美精工。观赏绣多取前代或当时著名绘画做底本，因此在艺术史上也占有一个特别位置。解放以来，由于人民政府特别重视祖国文化遗产，保护不遗余力，这些部门的研究工作和生产设计，在新的基础上无疑都将得到进一步的发展与提高，来迎接社会主义文化的高潮。

在这个展览会上，沈从文先生不辞辛劳亲自为观众做解说。因为在 20 世纪 50 年代初，沈先生就在历史博物馆的陈列室里做讲解员。但是有很多人以此为沈先生鸣不平，觉得沈先生做解说员，实在是委屈了。然而，我后来了解到，沈从文先生自己却不是这么认为的，他经常跟我们说："我的许多知识都是从当讲解员中学到的。"在沈从文先生看来，讲解员经历是学习知识的一个过程。事实上，沈先生的知识的确非常渊博，他经常在期刊上发表有关漆器、玉器、铜镜、织绣等方面的文章，在文物界非常有影响力，也为中国的文物研究留下了宝贵的资料，至今还在造福着中国乃至世界文物研究学界，惠及无数研究者。

非常遗憾的是，由于当时北京故宫博物院正在忙于搞政治斗争，竟然没有留下这次展览的记录，如今细想起来，我只记得当时从辽宁省博物馆借调的《纂组英华》文物，奉还时当有记录。如今的研究者如果有意研究的话，或许可以在辽宁省博物馆寻找到一些线索也说不定。

后来，北京十三陵中的定陵地下玄宫大门被打开了，出土了很多服饰、丝织物等，沈从文先生又到十三陵进行了一系列考察和研究。因为我没有参与，具体的细节不甚了解。

在那个特殊的年代，意想不到的事情说来就来。1957年的一场反右运动的政治斗争中，沈从文先生的好友丁玲被打成右派，随即被流放到北大荒。沈从文先生也受到一些牵连。我当时只有26岁，也被卷入到这场斗争中了，有人指责我发表了"右派言论"，我被划分到右派行列。1958年3月初，中央文化部召集我们被划为右派的人开会，动员大家下放到"北大荒"去劳动锻炼。除了年纪大的或体弱多病的，均可报名参加。因为扣着右派的帽子，当时我在故宫博物院被彻底孤立，身边的同事或出于自保，或因为别的原因，纷纷和我划清界限，基本上没人敢搭理我，那种孤独和压抑给我的精神带来了极大的痛苦。当时我想，无论如何，要先摆脱这种暗潮汹涌的压抑环境。正好这是个机会，尽管前途未卜，我还是毅然决然地报了名，主动提出到"北大荒"去，很快就得到了批准。

3月25日，我同文化部的"右派分子"们一起，穿上新大衣，从前门火车站出发，"发配"到北大荒劳动锻炼。由于一切都太突然，走得匆匆忙忙，加上当时的政治环境的特殊，我还没有来得及与沈先生告别，就去了"北大荒"。我没有想到，这一去，竟然和沈先生失去联系长达21年。直到很久之后我才得知，在我离开故宫一年后，沈从文先生也不在故宫任兼职了。

4. 重返北京后与沈从文的交往

1978 年,这是新中国历史上极具转折意义的一年。这一年的年底,十一届三中全会召开,结束了粉碎"四人帮"之后两年中,党的工作在徘徊中前进的局面;也是在这一年,最后一批"右派分子"摘帽。对于我们来说,这是天大的喜讯。年底,我结束了在"北大荒"的劳动,又重新回到了阔别多年的北京。

回到北京后,我首先要解决的就是我个人的工作问题,要先把工作问题落实了,才能安心地去做学问研究。当时故宫博物院把我暂时安排住在神武门外东侧的收发室南屋。我去政治部人事处报到,见到了陈贺然,他是当年在故宫钟表修理厂的学徒。他对我非常客气,而且答应我可以回到故宫的陈列部工作,这当然让我非常高兴。但是没过几天,原故宫绘画组的徐琴久从甘肃赶来,我俩住在一屋,曾一道去三里河找到吴仲超院长家里,谈到落实政策,吴院长说他也无能为力。单士元(北京人,1907 年出生。著名历史学家。1924 年底参加溥仪出宫后成立的"清室善后委员会",任书记员。20 世纪 30 年代进入北京大学国学门研究生深造,师从胡适之先生。出版著作有《清代起居注考》《小朝廷时代的溥仪》《明代建筑大事年表》《清代建筑大事年表》,1998 年去世)院长对我说:故宫现在有十几个院长，他在人事上没有一点权力。我到图书馆去看到了季中锐、朱家溍（浙江萧山人，生于1914年，著名历史学家、戏曲专家，故宫博物院研究员。出版著作有《两朝御览图书》《明清帝后宝玺》《梅兰芳舞台艺术》等，执笔梅兰芳口述回忆录《舞台生活四十年》《梅兰芳谈舞台艺术》，2003年病故）。他们在编辑整理善本图书库。我们谈了分别21年中各自的经历，对事态的变化，颇有共识，万分感慨。

因为与老师沈从文分别了21年，我非常想念他。回到北京，我就开始到处打听沈从文先生的住址。1979年1月，从当年的同事陈娟娟那里得知沈从文先生临时住在京西宾馆（信中所记为西郊宾馆，于善浦口述为京西宾馆），就立即写信给沈从文先生，此时我的工作问题还在等待分配，我给沈从文先生写信一则是告知他我已经回到北京了；二则是希望在我的工作问题上，他能帮助我一把。这也是时隔21年后，第一次同沈先生联系。沈先生是在1979年2月7日写来的第一封回信。沈先生一共给我写了三封信，由于我给沈从文先生写的信件只有一份，所以我无法提供那封信件的原文。我只能提供沈从文先生给我回信的内容，他给我的信件我一直保存到了今天。沈从文先生的这封信曾被收录到了北岳文艺出版社2020年12月出版的《沈从文全集（补遗卷）》第四卷中，内容如下：

　　善浦兄：信得到，谢谢！故宫方面我已离开廿年，内部在大动荡中变化极大，人事上的安排，极端无知，因之也无什么建议权。按我个人私见，既已回来，趁工作未定时，紧紧抓住时间，每天到开放的陈列部门去学习，机会十分难得，万万不要错过这些好机会，甚至于在美术研究室也不会有此学习机会；我所学，就是从陈列室中做说明员得来的！同事人中也可以去看看单士元先生，他主持院中研究工作。陶瓷组可能有许多待临摹材料，你不妨去看看冯先铭、叶哲明先生。如有要临摹的，你就主动请求参加。一定很快即可得到进展的。织绣组更有必要向陈娟娟同志商量，要摹绘材料，即请她给你点工作试试看。若一切都得上面指派，可能反而会搁下来，因为谁也不知道你长处，所以不应忙着指派工作，最合理上算，即你自己主动到工艺馆、陶瓷馆、绘画馆。每天至少用个半天摹绘些成绩出来，到时送各个方面看看。会从你的长处得到更合意的安置。北京目下还有若干万人等待分配。到处又要人，苦无适当人选。（我即或可以用些人，也还是得从许多人中挑最得用的。）而且总得摸索一二年，才掌握得住材料，因为要求较高。你若有什么绘画也可以送给他们看看。最好是新摹绘的，因为要求不同。故宫至少是三方面都得增加得力好手，一瓷器花纹摹绘的，二织绣摹绘，三古代有名绘画摹绘。既分配回故宫，故宫一时不派定工作，这对你是好事，先各方面了解了解问题，再你所长安排，是正常规矩。明白这一点你就会理解我说的抓紧，一分一秒莫放松，充分利用目下机会，十分认真的来试试在陶瓷、织绣或别的什么，如近日平山中山国展出文物摹下些图案，对你有极深远意义了。你请陈娟娟给一些材料摹绘，将来用处也大。因为万一要分配到别的工作单位时，人家首先即要看成绩。听说陶瓷馆正将编瓷器图案，你何妨既先去展览室找明清一些花纹特别精美的瓷器摹下几件请叶哲明先生看看。

覆候佳好。

沈从文 二月七日

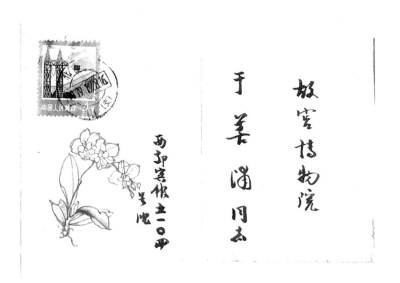

沈从文致于善浦的信的封面 1

历史研究所便笺

沈从文致于善浦的信 1-1

历史研究所便笺

沈从文致于善浦的信 1-2

历史研究所便笺

沈从文致于善浦的信 1-3

沈从文先生用的信纸上方写着"历史研究所便笺"，此时的沈从文先生已是中国社会科学院历史研究所的研究员。在接到沈从文先生的信件之后，我就每天到展览室去摹绘文物花纹，在织绣组和陈娟娟等人一道，分析戏衣的织绣色彩，并亲自制作色谱，作为鉴定织绣年代的依据。还在陶瓷组帮助王莉英画一些陶瓷展品的器形。当我向沈从文先生写信汇报回到故宫临摹文物后，沈先生又给我指出一条未来发展的路。

1979 年 2 月 27 日沈从文先生写来第二封信。用毛边纸两面写的，自西郊宾馆 5104 号邮寄到故宫博物院。信的内容如下：

善浦同志：得你来信，知已回到故宫工作，高兴万分。许多年来，总是打听你的消息，去年李浴到京我还问他，只约略明白点滴，人在东北而已。今既返回，不知将回归某一部门？若仍在织绣组工作，似得凡事向娟娟同志请教，因近廿年来，娟娟过手经眼材料多，又特别努力，已成为这一方面真正有发言权的同志。在许多方面，我也是得向她请教。据我所知，有万千种零星材料待作整理复原工作。我个人意见，你的工作最适宜从这方面着手，盼望能和娟娟同志密切合作，有此提选材料，你如一一照需要绘出，低头来个十年努力，对国家肯定是会作出有意义的贡献的。织绣组方面这件工作实在太重了(如有可能，我还拟向孙院长建议增加三五个摹绘织绣图案美工人员，才能起应有作用！），而且从图案艺术成就搞问题，另一时求落实"古为今用"到新的万千种不同需要方面时，是有十分现实意义的。国内最缺少的，也是这门知识。盼望你能从长远处着想，来个十年工作计划，好好的工作下去。即仅仅以故宫收藏那份纳丝戳纱荷包而言，就值得好好的挑选二三百件摹绘，展开成连续可供转用到其他生产的图案，扩大到新的毛毯上应用，缩小到领带生产上，拉长成带子式，则瓷砖上应用也会同样取得广泛的成功。这类图案本来就是从古代锦类而来，配色最有现代性，有的且和西南民族小机编织图案密切相关。掌握了上千种后，印一本书，将影响各个生产方面，所有效果将会远远超过当前锦绣图案。

我目下工作还未完成，大约在三月后，作最后校订后，才可望回转北京。这里也不便接待客人，三月以后回到北京时，我一定约个日子好好谈谈。

并祝春节快乐。

从文　二月廿七

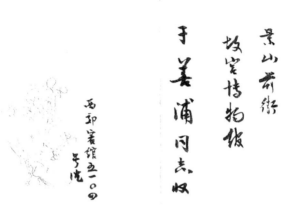

沈从文致于善浦的信的封面 2

善浦同志：

沈从文致于善浦的信 2-1

沈从文致于善浦的信 2-2

然而此时，我还在等待着故宫分配工作。一开始故宫人事处的陈贺然告诉我，故宫准备让我回来，但是要等到全部人员安排之后，才能安置我的工作，而且连我妻子的工作也有初步安排，我把这个可喜的消息写信告诉家里，一家人都特别高兴。可是，好景不长，风云突变。北京户口冻结，我回北京的可能性太小了。1979 年 5 月，我被安排到清东陵工作。

5. 我进入清东陵工作后，与沈从文的交往

1979 年 5 月，故宫陈列部主任杨伯达，向河北省唐山市遵化县东陵文物保管所推荐，把我安排到清东陵工作。当时说是暂时安排，每月只发基本工资，日后再把我调回故宫。因为受沈从文先生的影响较深，所以我一直想回到故宫，继续研究中国古代织绣。但是没想到，会在清东陵一直干到了退休。

清东陵位于河北省唐山市的遵化马兰峪，始建于清朝顺治十八年（公元 1661 年），是埋葬清朝入关后顺治、康熙、乾隆、咸丰、同治五位皇帝和 15 位皇后、136 位妃嫔、3 位皇子、2 位公主，共计 161 人的清朝皇家陵寝。我就从此与清史结下了不解之缘。

我有了工作，解决了生活的后顾之忧，开始全身心地投入清史研究中去。到清东陵不久，我就把一些史料和东陵出土的

物证进行归纳、整理，很快就撰写了一篇考证"香妃"的论文，名字叫《关于香妃传说的辨伪》，经故宫博物院的朱家溍先生帮助指点后，于1980年2月，发表在《故宫博物院院刊》上。当时朱家溍对我说，这篇文章发表了，对于我重回故宫工作是有好处的。1982年底，我就把载有我的《关于香妃传说的辨伪》这篇文章的《故宫博物院院刊》邮寄给了沈从文先生，并向沈先生汇报我在清东陵的学习情况，信中我还邀请沈从文先生到清东陵参观旅游，但是由于沈先生的身体等原因，他就一直没有来过清东陵。

笔者在记录到这里时，有一个不解的问题询问了于善浦老师：

"于老师，您的《关于香妃传说的辨伪》一文是在1980年2月发表的，您给沈从文邮寄《故宫博物院院刊》是在1982年底，相隔了这么长时间，这期间您在其他刊物上也发表了不少文章啊，难道您只邮寄了《故宫博物院院刊》这一本期刊吗？没有邮寄您发表文章的其他刊物吗？"

于善浦老师回答："是的，我只邮寄了这一本。"

我随即又问："您为什么只邮寄了这一本，而您发表文章的其他刊物，怎么没有给您的老师沈从文邮寄呢？"

于老师忙解释说："因为这一篇文章很重要，这篇文章在学术界引起了普遍的关注，所以我只给沈先生邮寄了这一本。"

于善浦老师接着说："沈从文先生收到信后就立即给我回复了，并且在信中告诉了我他家的地址，邀请我到他家做客。"

1982 年 12 月 29 日，沈从文先生给我写了第三封信，这也是沈先生最后一次给我写信。原文如下：

善浦同志：得信并刊物，谢谢。春三月时，我希望能有机会来西陵看看，只是闻路上尘土太大，或将在春雨后才招架得住。我平时已极少出门。如进城有空，望便中谈谈天。住处和新侨饭店紧隔壁，一切公共交通工具，均应在"崇文门站"下车，去住处均较近。住处计十六层，我住五层七号，有时有电梯，

沈从文晚年的原版照片，这是他邮寄给于善浦的

有时没有。读关于谈香妃的文章，印象很好。故宫旧人年长的多已成古人。近廿年新人认识的已不多。

　　并候节中佳好。

一九八二年十二月廿九

沈从文致于善浦的信 3

值得说明的是，沈从文先生对清东陵、清西陵的历史文化都不甚了解，信封上应该写"清东陵文物管理处"，而沈先生却错写了"清西陵文物管理处"。而信封开头的地址写的是"河北遵化马兰峪"，所以信还是收到了。从中也可以看出沈从文先生是欠缺这方面知识的。

这是我同沈从文先生第三次通信，也是最后一次通信。沈从文先生给我的这三封信，每一封都是正反面写的，从中可以看出沈先生的节约。在接到沈从文先生这封信件

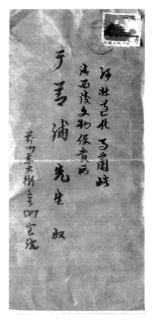

沈从文在信封上将地址
"东陵"错写"西陵"

后不久，我就从遵化到了北京，按照信中的地址，找到了沈从文的家里。在沈从文先生去世前，我一共两次到过沈先生的家里，这两次具体时间我已经记不清楚了。

听到这里时，笔者因于善浦老先生记不清具体的时间而感到遗憾，但是还要一探究竟，便问道："沈从文给您回信的时间是 1982 年 12 月 29 日，信中邀您到他的家中做客，那么从您收到信，再到去沈从文的家里，中间相隔时间长吗？

于善浦回答说："相隔的时间不长，我收到沈从文的信件后，没有几天的时间，就按照信中的地址找到沈从文的家里了。

我随口说出："那您第一次到沈从文家里的时间应该是1983年初了？"

于善浦回答说："应该是。"

于善浦继续讲道：

我按照信中的地址找到了沈从文先生的家里，当我站在沈家的房门口时，看到门上写着"外人请勿打扰"，一般人他都不接待，这也可能是因为身体的原因。我把我发表过的文章拿给了沈从文先生看，因为他是老师嘛，也做了点评。在沈从文先生的家里，我们一道谈天，很开心。

当我第二次到沈从文先生家里时，沈先生已经是在患病中了，他坐在椅子上，行动不便，看到我进去后，是他的夫人张兆和女士把他搀扶起来，沈先生跟我交谈时，我能听得出他说话也非常吃力。这次我也把我的最新研究成果拿给沈先生看，先生看了十分高兴，得到了先生的鼓励。此后我就再也没见过沈从文先生了，不仅没见过面，而且书信的往来也没有了。

后来笔者在查阅了有关沈从文的资料后，便再次给于善浦老师打去电话，为的是探究他第二次到沈从文家里的时间问题。

我问道："根据我查阅到的沈从文的资料，沈从文在1986

年初夏，就已经从新侨饭店紧隔壁的地址搬家了，搬到了崇文门东大街 22 号楼 601 室。那您第二次去见沈从文的时候，还是新侨饭店的地址吗？没有换地址吗？"

于善浦回答说："没有换地址，还是新侨饭店的地址。这个我记得非常清楚，因为之后沈从文就没有给我写过信，我还是按照上一次的地址去找的沈从文，就是为了看望他。"

我问道："根据沈从文搬家的时间来看，那您第二次去沈从文的家里，就应该是 1985 年了？"

于善浦回答："应该是 1985 年。"

笔者查阅《沈从文年谱》，从他的健康状况来看，他 1984 年 11 月因基底动脉供血不足而住院，次年 2 月 16 日出院。1985 年 3 月 28 日巴金去看望沈从文时，沈从文说话已经是很困难了。再结合于善浦回忆的见到沈从文的健康状况来看，于善浦第二次到沈从文的家里应该是 1985 年，不会是 1984 年。

我很清楚地记得，沈从文先生是 1988 年 5 月 10 日因患心脏病在北京逝世的，享年 86 岁。先生一生治学严谨，身后留下了大量文学作品和考古方面的著作。我常常忆起沈先生对我的教诲："治学要严谨，切忌骄傲"，我把它当作座右铭，去努力地学习、工作，时刻激励着自己前进。

于善浦老先生有一位年轻的朋友叫郭志强，小他 46 岁。据郭志强先生对笔者说："2015 年我去了湖南凤凰，到了沈从文的墓碑前，我就给于老头打了个电话，告诉他我正在沈从文的墓前，电话那边于善浦非常激动，半天说不出话来。当时我特别有感触。"从这一件小事情上也可以看出于善浦对他的恩师沈从文的情谊。

附录：于善浦与沈从文交往简记

1955 年 于善浦 23 岁 沈从文 53 岁

于善浦从东北美术专科学校（今沈阳鲁迅美术学院）毕业后，被分配到故宫博物院铜器组工作，担任实习研究员。组长为唐兰。

1956 年 于善浦 24 岁 沈从文 54 岁

于善浦在故宫博物院由铜器组调到织绣组，进行中国古代织绣研究。

1957 年 于善浦 25 岁 沈从文 55 岁

1 月，故宫博物院聘请沈从文到故宫博物院织绣组任兼职研究员。于善浦正式师从沈从文。

2月，沈从文带领于善浦等织绣组人员到天坛公园参观"北京市出土文物展"，并为织绣组人员介绍该展览。

3月，沈从文带于善浦到珠市口"德信成"商号看织绣品。

9月17日，在故宫博物院的保和殿展出了"中国古代织绣展览"。沈从文参与了借调、陈列、讲解、说明等各个环节，于善浦见证了全过程。

1958年 于善浦26岁 沈从文56岁

3月初，于善浦因被划分为右派被孤立，在未来得及与沈从文告别的情况下，就下放到"北大荒"劳动。

1978年 于善浦46岁 沈从文76岁

美术史研究专家李浴到北京与沈从文见面，沈从文向李浴打听有关于善浦的消息，得知人还在东北。

年底，于善浦结束在"北大荒"的劳动，重返北京。

1979年 于善浦47岁 沈从文77岁

1月，于善浦从陈娟娟那里得知沈从文的通信地址，便提笔写信给沈从文，希望沈从文可以帮助其重返故宫工作。

2月7日，沈从文给于善浦写回信。信中告知于善浦在重返故宫工作的问题上帮不上忙，并建议于善浦利用这个时间到开放的故宫陈列部去学习。

2月，接到沈从文的回信后，于善浦就每天到展览室去摹绘文物花纹，随后又给沈从文写信做汇报。

2月27日，沈从文给于善浦写第二封回信。

5月，于善浦被分配到清东陵工作。

1982年 于善浦50岁 沈从文80岁

年底，于善浦再次写信给沈从文，并将载有于善浦文章的《故宫博物院院刊》一起邮寄给沈从文。

12月29日，沈从文给于善浦回信，并在信中告知于善浦家庭住址，邀请于善浦到家中叙谈。

1983年 于善浦51岁 沈从文81岁

年初，于善浦从遵化到北京，根据沈从文信中所写的地址，来到沈从文家里做客。

1985年 于善浦53岁 沈从文83岁

于善浦带着自己的著作从遵化到北京，第二次到沈从文家里做客。

1988 年 于善浦 56 岁 沈从文 86 岁

5 月 10 日，晚 8 点 30 分，沈从文因患心脏病去世。

后记：写作的缘起和经过

我在写作上坚持一个原则，写别人没有写过的，一本书里一定要有自己的新东西，否则就不动笔。此书的写作是源于结识了沈从文先生的弟子于善浦老师。

我在 2010 年时，因购买于善浦老师的《光绪皇帝的珍妃》一书而得知了于善浦老师其人，后来在听的讲座中，也有对于善浦老师的提及。2015 年夏，我结识了于善浦老师的年轻朋友郭志强，并从百度百科"于善浦"词条中得知他曾经师从于著名文史学家沈从文先生。我于当年 12 月 27 日通过郭志强在长春同于善浦老师见了面，当日又在我的安排下，于善浦老师同吉林省社会科学院研究员王庆祥相见。2017 年 8 月，我又到了唐山遵化，看望于老师，并在于老师的安排下参观了清东陵。

在 2018 或是 2019 年时，我产生了一个想法，采访于善浦老师，把他和沈从文交往的经历公之于众。沈从文先生是我国非常著名的作家、学者。沈从文同于善浦老师的交往是不为外人所熟识的，如果能把这些记录下来，应该是一个不错的选题，为研究沈从文的学者提供新的资料，这就是我撰写本书的目的。我在收集资料的过程中得知，于善浦老师本人也希望能出版一本个人的自传，叙述自己的人生经历。此书的出版也算是完成了于老师的愿望。我的日记中记载了与于善浦老师合作此书的全过程。

2019 年 5 月 24 日

今日晚，北京高校数学教师温志东来沈，他来沈阳的目的是要在明天陪同于善浦老师参观、考察辽阳的东京陵。晚间，我宴请温志东吃火锅。我又向温志东提出我早就有的一个想法，我想跟于善浦老师合作写书，就写沈从文。于老师口述回忆，由我来笔录撰写，想请他替我跟于老师说一下。温志东告诉我说，于老师非常平易近人，你就自己跟他说吧，他会同意的。

2019 年 5 月 25 日

今日下午 4 点我从工作单位下班了，然后就在太原街等待了于善浦老师很长时间，于老师与温志东一行从辽阳回来后，住在太原街的今旅酒店。我特意从家里带了于善浦老师作序的一本书《日暮东陵》（岳南 著）请于老师签字。在今旅酒店的于善浦老师住宿的房间里，我向于老师说，想请他口述他和沈从文的交往，我来撰写。于老师非常爽快地同意了，表示还要给我邮寄有关材料。

当晚，我们打车来到大东区，有人宴请于善浦老师，我陪同。出席的还有辽宁大学的一位教授，名叫隋丽，是研究民俗的，还有隋丽教授带来的两位正在读研的学生。于善浦与隋丽交谈中，隋丽就拿着笔和本记录，隋丽的两位学生也拿着笔和本记录。

席间，我说出了想由于善浦老师口述，我来撰写他和沈从文的交往。隋丽老师表示很赞同，说喜欢文学的人一定很有兴趣。我和她又交谈了一下口述历史的发展，从《大唐西域记》谈到唐德刚。

晚宴结束从饭店出来时，隋丽老师还特意对我说："你写口述历史，不要只写于善浦和沈从文的交往，还要记述一下于善浦老师的人生经历，这非常宝贵。"

2019年6月12日

上午9点刚过，接到了于善浦老师打来的电话，告诉我，给我邮寄了资料以及沈从文书信的复印件。

2019 年 6 月 15 日

收到了于善浦老师来件,这里主要有他打印出来的个人记录的学习笔记,我就可以依据这份笔记了解他和沈从文的交往。沈从文写给于善浦信件的复印件,还有一个沈从文误把"清东陵"写成"清西陵"的信封复印件。还有一张沈从文的原版照片。这些都是我写作关于沈从文题材的书稿的重要材料。

2019 年 6 月 17 日

下午 14 点 50 多分,接到了于善浦老师打来的电话。此时我正在飞机上,由于飞机还没有起飞,所以还没有把电话关机。于善浦老师问我,邮寄的文件是否收到?我对于老师说:"收到了。"并且对于老师表示歉意说:"真不好意思,我没有通知您。"于老师还把邮件里的内容对我重复了一遍,并且告知我,那张照片是当年沈从文邮寄给他的。由于飞机即将起飞,我只有打断于老师的讲话,告诉他,我现在正在飞机上呢,我要去台湾了,飞机快起飞了,所以不能多说了。

2019 年 7 月 28 日

给于善浦老师打去电话，于老师在电话中跟我说了一段他和沈从文的交往，我做了记录。

2019 年 7 月 29 日

今日再次给于善浦老师打去电话，于善浦老师跟我讲述了他从"北大荒"回到北京后跟沈从文的交往，给沈从文的去信，沈从文的回信以及告诉我在沈从文去世前，一共两次到沈从文的家里做客，还有沈从文的身体状况。

2019 年 8 月 2 日

再次给于善浦老师打去电话，询问于善浦老师和沈从文的交往，还问及他整理慈禧遗体的情况。我进行记录。

2019 年 8 月 31 日

给于善浦老师打去电话，于老师主要向我谈起了他在故宫工作期间沈从文指点他读织绣类图书的情况，我随即加入了书稿中。至此，本书中《我和沈从文的交往》这一部分的写作基本可以结束了。

值得一提的是，沈从文与于善浦的交往，有很多是不为外界所知的，《沈从文年谱》里也没有记载沈从文与于善浦的交往。此书《赤子其人沈从文》的出版也为学界研究沈从文填补了一项空白。

于善浦老师是我国非常著名的研究清史的学者，此次能与于善浦老师合作出版这本书，作为晚辈实属三生有幸。本书的另一位作者张恺新先生是我在 2012 年 9 月参加学术研讨会时结识的朋友，张恺新得知我要出版沈从文传记时，表示很愿意参与此事，遂撰写了部分书稿。张恺新擅长研究近现代史人物，在撰写沈从文早年在上海的经历、留居大陆参加华北大学学习、冷对"沈从文热"等内容时查阅了大量资料，增强了本书的史料价值。

范鹏飞

初稿于 2020 年 3 月

定稿于 2021 年 10 月